मीता की कहानी

विजय तेंडुलकर

अनुवाद

वसन्त देव

वाणी प्रकाशन

वाणी प्रकाशन

4695, 21-ए, दरियागंज, नयी दिल्ली 110 002

शाखा

अशोक राजपथ, पटना 800 004

फ़ोन: +91 11 23273167 फ़ैक्स: +91 11 23275710

www.vaniprakashan.in
vaniprakashan@gmail.com
sales@vaniprakashan.in

MEETA KI KAHANI
by Vijay Tendulkar
Translated by Vasant Dev

ISBN : 978-93-87409-32-3
Play

प्रथम (वाणी) संस्करण

मूल्य : ₹ 125

सिटी प्रेस, दिल्ली-110 095 में मुद्रित

वाणी प्रकाशन का लोगो मक़बूल फ़िदा हुसेन की कूची से

यह नाटक

एक बार फिर विजय तेंडुलकर ने मानवीय सम्बन्धों के विवादास्पद आयामों पर आधारित नाटक लिखकर उक्त विषयों में अपना विश्वास सिद्ध करके नाम अर्जित किया। एक वयस्क युवती का अपनी स्त्री-मित्र के प्रति आकर्षण व भावनाओं का विश्लेषण किया जो पहले किसी नाटककार ने साहस नहीं किया। सीधे-सादे शब्दों में कहा जाय तो यह मीता और उसकी स्त्री-मित्र की प्रेम कथा और उससे जुड़ी हुई वेदना तथा पीड़ा की कथा है जो इस तरह के समाज द्वारा अस्वीकृत सम्बन्धों के कारण उपजती है। साधारण युवती की तरह सामान्य स्त्री-पुरुष सम्बन्धों को स्वीकार करने का विरोध करना मीता के चरित्र के गहन प्रेम का परिचायक है। इस तरह के सम्बन्धों के अस्तित्व को स्वीकार करके वह एक कुण्ठित, नकारात्मक जीवन को जीती है, यही उसकी त्रासद नियति है। इसके अतिरिक्त और कौन-सा अन्त सम्भव है?

यह कथा तेंडुलकर के द्वारा ममता और कोमलता के छुअन के साथ कही गयी है। जो भी क्रूरता इस नाटक में दिखाई पड़ती है उसको जीवन को अपनी इच्छानुसार जी पाने की असमर्थता को झेलती हुई युवती के जीवन में व्यर्थता-बोध के सन्दर्भ में देखना होगा।

इस नाटक का प्रदर्शन 11 जनवरी, 1984 को श्रीराम सेण्टर (तलघर) नयी दिल्ली में 'अभियान' द्वारा हुआ।

मंच पर

बापू—राकेश दूबे

मीता—वीणा मेहता

पाण्डे—ललित परिमू

नमा—वन्दना दत्ता

दलवी—राजेन्द्र नौटियाल

पार्श्व मंच

सान्त्वना—निर्देशन सहायता

सितांशु मुकर्जी—प्रकाश व्यवस्था

अशोक भट्टाचार्य—मंच सज्जा

निर्देशक

राजिन्दर नाथ

अंक एक

[बापू। उम्र बीस और तीस के बीच। जो लोग कायमी लड़कौंहापन लिए पैदा होते हैं, बापू उनमें से एक।]

बापू : प्रेमकहानी बेगाने सुर में सुनाते नहीं बनती। सुनाते-सुनाते वह अपनी हो जाती है। अपनी ही होती है। क्यों होता है ऐसा? ...किसी दूसरे की प्रेमकहानी को हम अपनी बना कर क्यों जीते हैं? ...दूसरों की मौत हम अपनी मौत मान कर क्यों मरते हैं?...

यह प्रेम कहानी मीता की है। मीता--सुमित्रा, सुमित्रा देव। ...सुमित्रा मेरी कोई नहीं। मीता मेरी मीत है। मीत ...क्या एक स्त्री हमारी मीत हो सकती है? मीता थी! कालेज में मैं फर्स्ट इयर में था। उन्हीं दिनों सुमित्रा देव किसी दूसरी जगह से आकर सेकिण्ड इयर में दाखिल हुई। तमाम लड़कियों में वह एकदम अलग-सी दिखी, महसूस हुई। दूसरी लड़कियाँ छुई-मुई, 'हाय अम्मा' किसम की थीं! सुमित्रा देव का चलना, बोलना मर्दाना किसम का था। दिखती अलमस्त, हँसती थी खुल कर, ठहाका मारकर। आँख से भिड़ जाने वाली आँखें थीं उसकी। चौड़ा माथा, बुद्धिमानों जैसा! उसकी कुल शख्सियत में एक सहज-सा निडर मर्दानापन था। और फिर भी गठन कुछ ऐसी, जो पुरुष को अपनी ओर खींच कर ही रहती है।

आते ही वह विद्यार्थियों में मशहूर हो गयी। मीता सिंध! स्कालर लड़के नोट्स लेने-लौटाने का मौका साधने में जुट

गये। शोहदा किसम के लड़के इधर-उधर गोल बनाकर खड़े हो जाते और उस पर सीटियाँ उछालने लगते। मैं...मैं स्कालर नहीं था। स्पोर्ट्समैन नहीं था। और ठान करके भी शोहदा नहीं बन सकता था। राजनीति में मेरी ज़रा भी दिलचस्पी नहीं थी। एक भी प्रोफ़ेसर मेरा नाम सिर खुजलाकर भी नहीं बता सकता था। मैं उन तमाम में से एक था जो महज़ बेंचें घेरने की खातिर कालेज में घुस आते हैं। सुमित्रा तक कैसे पहुँच पाता? उसके साथ बातचीत करते हुए मैं अपने को सपने में भी नहीं देख सकता था। ...मगर हक़ीक़त में ऐसा होकर रहा...

[जेब में से एक फ़ोटो बाहर निकालता है। दर्शकों को तस्वीर नहीं दिखती!]

(फ़ोटो देखकर) लेडीज़-रूम के सामने से गुज़रते हुए ज़मीन पर पड़ा कुछ दिखाई पड़ा। झुक कर ध्यान से देखा। एक फ़ोटो था। सुमित्रा देव! धक्का लगा। तय नहीं करते बनता था कि उठा लूँ या पटक कर चल दूँ। आसपास कोई नहीं था। चट से उठा लिया। कापी में छुपा लिया। सीना धौंकनी हो रहा था। भागा। किसी से कुछ नहीं कहा। कमरे पर आया और अकेले में वो फ़ोटो बहुत देर तक निहारा किया। इसे लड़की कहें? वाह रे लिबास, कौन हैं ये नंगे बदन वाले झबरीले मर्द? और मुँह में सिगरेट ठुँसी हुई उसके! उस पर तुर्रा यह कि फ़ोटो उतरवाया, वो भी ऐसा! और उसे लापरवाही से टपका दिया...यहाँ...छीः छीः, ये बहुत बुरी बात है। किसी ऐरे-गैरे के हाथ लग जाता तो?

फ़ोटो मैंने जतन से रख दिया। जैसे किसी का गुप्त रहस्य हो और उसे मैंने हृदय में हिफाजत से रख लिया हो। सुमित्रा को कालेज में देखा और मुझे ऐसा लगा कि फ़ोटो न मिल पाने की वजह से वो बेचैन है। फिर रहा न गया। निर्णय किया, लौटा देना चाहिए। मगर उससे मिलूँ कैसे? चार लोगों के सामने मिलने का सुभीता नहीं था। फ़िजूल में फ़ोटो का क़िस्सा फैले यह ठीक नहीं था।

तब दो दिन तक उसका पीछा किया।

आखिरकार भेंट हुई : साइकिल स्टैण्ड के उस तरफ़ सँकरी गली में। उस वक़्त वहाँ कोई न होता था। मैंने ही साहस बटोर करके...

[सुमित्रा साइकिल हाथ में पकड़े आती है। आगे बढ़ जाती है।]

बापू : मिस देव...

[सुमित्रा नहीं रुकती!]

बापू : सुमित!..सुमित्रा जी...

[सुमित्रा रुक जाती है। मुड़ कर देखती है।

बापू : नमस्ते!

[सुमित्रा यों सिर हिलाती है जैसे स्वीकार है।]

बापू : जी, सॉरी...

सुमित्रा : किसलिए?

बापू : जी, आपको टोका...

सुमित्रा : आप कौन हैं? क्या काम है?

बापू : काम कुछ नहीं...यानी है तो...कुछ खास नहीं...क्या आपकी कोई चीज़ खो गयी है?

सुमित्रा : मेरी? नहीं तो! क्यों?

बापू : शायद खो गयी हो।

सुमित्रा : शायद हो! तो फिर?

[बापू लिफ़ाफ़े में रखा फ़ोटो देता है। साइकिल कमर से टिका कर सुमित्रा लिफ़ाफ़ा खोलती है। फ़ोटो बाहर निकाल कर देखती है।]

सुमित्रा : ओः आई सी! ये फ़ोटो कहाँ मिला आपको?

बापू : कारीडोर में। लेडीज़ रूम के बाहर।

सुमित्रा : अच्छा...मुझे पता ही नहीं था। गुड!

[फ़ोटो उसे देकर चल देती है।]

बापू : *(विस्मय और घबराहट से)* ये...इसे आप ही को देने के लिए लाया था...रख लीजिए न...।

[देता है।]

सुमित्रा : *(लेकर)* ओ, ये बात है?

[कैज्युअली रख लेती है।]

थैंक्स! अ...आपका नाम क्या है?

बापू : श्रीकान्त मराठे। एफ.वाई...फर्स्ट इयर आर्ट्स में हूँ...

सुमित्रा : किस तरफ़ जा रहे हैं? चलें तो चलिए, चाय पी जाये!

[उसे ध्यान से देखकर]

चाय पीते हैं न?

[बापू बच्चों की तरह सिर हिला कर स्वीकारता है। सुमित्रा विंग में साइकिल टिका कर लौटती है। दोनों 'होटेल' में बैठते हैं।]

बापू : *(दर्शकों से)* मैं मन ही मन मना रहा था कि भगवान, कुछ ऐसा करना जिससे इसे यहाँ सिगरेट पीने की चाह न हो।

सुमित्रा : *(आर्डर देकर)* बाय, दो चाय, जल्दी लाना!

[बापू से।]

क्या सब्जेक्ट्स ले रखे हैं तुमने? 'तुम' कहें तो चलेगा न? चलेगा, मेरे ख़याल से।

[बापू सिर हिला कर स्वीकारता है।]

सुमित्रा : किस नाम से पुकारें? घर में किस नाम से पुकारते हैं?

बापू : बापू!

सुमित्रा : 'बापू', अच्छा है। मैं भी तुम्हें 'बापू' कहूँगी।

[बापू सिर हिलाता है।]

सुमित्रा : तुम मुझे 'मीता' कह सकते हो। मुझे 'मीता' कहते हैं।

[बापू फिर सिर हिलाता है। चाय आ गयी है।]

सुमित्रा : सब्जेक्ट्स नहीं बताये? अ...बापू?

[बापू बतलाता है।]

सुमित्रा : आई सी। घर पे कौन-कौन हैं?

बापू : माँ-बाप हैं। दो भाई, दो बहनें, दादी भी हैं। यहाँ नहीं, वहाँ गाँव में रहते हैं सब।

सुमित्रा : तुम लोग सांगली की तरफ़ के हो?

बापू : नहीं तो...

सुमित्रा : हम बचपन में जब सांगली में रहते थे तो हमारे सामने

एक मराठे रहा करते थे।

बापू : अच्छा!

सुमित्रा : उनके एक लड़का था। उसके संग मैं कबड्डी खेलती थी। जब वो हारने लगता तो रोता-रोता घर की तरफ़ भागता था, माँ की दुहाई देता-देता...

[ठहाका मारकर हँसती है।]

मेरी माँ कहा करती थी कि भगवान की निगाह बरका के ये लड़की बनी है। मैं हमेशा लड़कों में बनी रहूँ। कंचे, गिल्ली-डण्डा सब खेला करूँ! बड़ा मज़ा आता था। तुम्हें तैरना आता है बापू? नहीं?

बापू : *(सकुचा कर)* नहीं। असल में मैं ज़रा कमज़ोर था, तो माँ नदी पर जाने नहीं देती थी।

सुमित्रा : धत्तेरे की! अरे, माँ को बुद्धू बना के जाना था। आजकल क्या खेलते हो?

बापू : *(सकुचा कर)* कुछ भी नहीं।

सुमित्रा : मैं टेनिस खेलती हूँ। मज़ा आता है। दो-चार सेट्स खेलकर सारी मस्ती झड़ जाती है। अपने को थका के बहुत अच्छा लगता है, सच! अच्छा, रहते कहाँ हो तुम? होस्टल में?

बापू : नहीं! कमरा है बाहर! बतौर पार्टनर रहता हूँ।

सुमित्रा : आई सी! हमारा बंगला है, जिस खाने पर। ए लड़के, बिल लाओ!

[पर्स खोलती है।]

बापू : *(एकदम)* नहीं। मैं देता हूँ।

सुमित्रा : बुलाने वाला कौन था? दि होस्ट मस्ट पे।

[बिल वाली तश्तरी में पैसे रखती है।]

चलो, चलें।

बापू : *(साहस जुटा कर)* एक बात पूछूँ?

सुमित्रा : पूछो न!

बापू : फ़ोटो कहाँ उतरवाया था?

सुमित्रा : कौन-सा फ़ोटो? हाँ-हाँ वो? वो खिंचवाया था बम्बई में, मठ-आइलैण्ड में। एक पिकनिक थी।

बापू : उसमें वो जो दो...वो कौन है?

सुमित्रा : वो? *(याद करके)* एक तो मेरा मौसेरा भाई है, मिलिटरी में है। दूसरा उसी का कोई *(याद करके)* मिलिटरी वाला दोस्त है। दोनों छुट्टी पर आये थे। बड़ा रंग रहा।

[बापू को मौन देखकर]

क्यों भई, चुप क्यों हो? मुझसे प्यार-मुहब्बत तो नहीं कर बैठे?

[ठहाका मार कर हँसती है।]

अच्छा, चलते हैं!

[विंग में टिका कर रखी साइकिल लेकर आती है और चल देती है। जैसे याद करके।]

हाँ! थैंक्स हाँ! फार दि कम्पनी। अच्छा, मिलेंगे।

[हाथ से टा-टा करके चली जाती है।]

बापू : *(दर्शकों से)* जब हम किसी को एक फासले से देखते हैं तो वो एक तरह से दिखता है। जब पहली बार मिलता है तो राय बदल जाती है। जो सोचा था, मिलने पर उससे अलग मालूम पड़ता था। यानी बिल्कुल अलग नहीं। पर ज़्यादा सच्चा, असली। मीता मुझे इसी मानी में सच्ची, असली मालूम पड़ी। और जाने क्यों, ज़रा नज़दीकी भी।

कालेज में मैं खुद होकर उसके सामने नहीं जाता। मगर एक रोज़ खुद उसी ने कालेज के कारीडोर में मुझे 'बापू' कह कर पुकारा। खड़े-खड़े ही ज़ोर से चिल्लाई : 'शाम को मिलना। काम है।' मैंने 'हाँ' तो कह दिया, मगर दिल धड़क रहा था, और सीना ऐसे ही तन गया था। बाद में बड़ी देर तक मुझे लगा कि दूसरे विद्यार्थी जल के कोयला हो रहे हैं।

शाम को मैं कम्पाउण्ड में रुका। वह आयी।

[सुमित्रा आती है। साइकिल थामे हुए।]

सुमित्रा : चलो, ग्राउण्ड में चल के बैठेंगे।

[दोनों चल देते हैं। 'ग्राउण्ड' में पहुँच कर सुमित्रा साइकिल को लिटा कर बैठ जाती है। दूसरी तरफ़

बापू। दोनों चुप हैं। सुमित्रा की निगाहें बापू पर नहीं, कहीं और लगी हैं।]

सुमित्रा : *(जैसे याद आ गया हो कि वह करीब ही बैठा है।)* तुम्हें कोई काम तो नहीं है न? नहीं तो बेकार मिस कर दोगे।

बापू : काम क्या रक्खा! कालेज का टाइम छोड़ दें तो बाकी वक़्त में करें क्या, यही समझ में नहीं आता, कई दफे।

[सुमित्रा फिर चुप है। आँखें बेकार इधर-उधर भटकती हुई। पसोपेश का तनाव महसूस करती हुई। बापू भी निस्तब्ध है।]

सुमित्रा : *(यकायक)* चलो, चलें हम लोग।

बापू : *(अचकचा कर)* जी?

सुमित्रा : चलते हैं। यहाँ अच्छा नहीं लग रहा है।

बापू : कहीं और...

सुमित्रा : नहीं! तुम अपनी राह जाओ, मैं अपनी।

बापू : मगर...

सुमित्रा : बेकार बात! जो है, अगर उसे सहने को तैयार हों, तभी कोई बात हो सकती है।

[बापू भौचक्का होकर देखता है।]

सुमित्रा : चलो। कहा न? क्या देख रहे हो भोंदू की तरह?

[बापू चोट खाया-सा उठता है। सुमित्रा बैठी रहती है।]

सुमित्रा : बैठ जाओ।

[बापू और भी अचकचाया हुआ।]

सुमित्रा : अरे? बैठो!

[बापू उसी स्थिति में बैठ जाता है।]

सुमित्रा : मेरा कोई ठिकाना नहीं। मुझे इस वक़्त सीरियसली मत लेना।

[बैठी रहती है। आँखें भटक रही हैं। चेहरे पर बेचैनी है।]

[बापू घबराया हुआ है।]

सुमित्रा : *(आवेग से)* कौन भेजता है हमें गढ़कर? क्यों हैं हम ऐसे, जैसे हैं? हम अपने ही गुलाम क्यों होते हैं?

बापू : *(हक्का-बक्का)* जी?...

[मीठा ठहाका मारकर हँसती है। हँसती जाती है।]

सुमित्रा : बेकार में पूछ रहे हैं हम तुमसे। तुम्हें क्या पता? तुम निरे बच्चे हो।

बापू : ऐसा तो कुछ नहीं...

सुमित्रा : अपने जवाब आप ही ढूँढ़ने पड़ते हैं। कोई मदद नहीं कर सकता। अकेले ही होना होता है।

[एकाएक बापू का हाथ पकड़ लेती है। बहुत ज़ोर से दबाती है। जैसे वहशत में हो। धीरे-धीरे गिरफ्त ढीली पड़ जाती है। वह विकल है।]

बापू : मैं...मैं कोई मदद कर सकता हूँ...

[भाव विवश हो जाता है।]

सुमित्रा : नहीं...

[बापू को देर तक देखकर]

बापू, तुम्हें मेरे हाथ में क्या महसूस हुआ?

बापू : *(चकरा कर)* महसूस...

सुमित्रा : क्या लगा था जब हाथ थाम लिया था? कुछ लगा था? कैसा लगा मेरा हाथ?

बापू : हाथ...

सुमित्रा : कुछ लगा तुम्हें? बताओ न!

बापू : तुम्हें कोई तकलीफ़ है...

सुमित्रा : हट्! मतलब...तकलीफ़ किसे नहीं होती? सबके होती है।

बापू : कैन आई डू एनीथिंग?

सुमित्रा : नो। एक ही काम करना, अगर बने तो।

बापू : क्या?

सुमित्रा : मुझे सह लेना बस। मेरे कोई सहेली नहीं, दोस्त नहीं। हो ही नहीं सकते। शायद...तुम भी चल दोगे...

बापू : *(भावुक होकर)* नहीं जाऊँगा।

सुमित्रा : वचन मत दो। भारी पड़ेगा।

बापू : दिया।

सुमित्रा : आसान मामला मत समझना। मैं क्या हूँ, तुम जानते नहीं हो। जान जाओगे तो भाग जाओगे।

बापू : नहीं जाऊँगा।

सुमित्रा : जानना भी नहीं चाहोगे?

बापू : नहीं।

[सुमित्रा एकाएक हँस पड़ती है।]

बापू : पक्का। नहीं जाऊँगा। देख लेना।

सुमित्रा : बच्चे हो।

बापू : ऐसा मत कहो।

सुमित्रा : अच्छा बाबा, बापू जी हो। बस?

[फिर ठहाका।]

बापू जी!

[गम्भीर होकर]

चलो, अब उठें।

बापू : कैसी हो अब?

सुमित्रा : कौन, मैं? फा...इन्! अरे भई, पासिंग मूड्स ऐसे ही होते हैं। ज़रा देर बाद आदमी खुद-ब-खुद ठीक हो जाता है।

[खड़ी हो जाती है।]

चलें?

बापू : कोई काम तो नहीं था? हो तो बताना। मैं कर दूँगा।

सुमित्रा : काम होगा जब, तब तुम्हीं से कहूँगी। बापू।

[साइकिल सहित चली जाती है।]

बापू : *(दर्शकों से)* वो मज़बूत, ठण्डा परस, वही बाकी रहा। उसका मतलब समझ नहीं पड़ता था, पर जोश झुनझुनी पैदा कर रहा था। मीता को क्या हो गया था? क्या मतलब था उस आकस्मिक हाथ-मिलौनी का? सबसे पहले लगी झेंप, अपार। फिर एक किसम का डर। उसके बाद घबराहट। और फिर हड़बड़ी—कि हाथ जल्दी छूटे। उसके चले जाने के बाद एक अथाह सुख, जिसे पहले नहीं जाना था कभी। मतलब तो समझ नहीं पड़ रहा था, लेकिन निकटता बढ़ गयी थी।

रूम-पार्टनर पाण्डे ने एक दिन टोका!

[पाण्डे आता है और जूतों पर पालिश करता हुआ बैठ जाता है। पाण्डे सैकिण्ड इयर का विद्यार्थी है। पर बापू पढ़ने का नाटक खेल रहा था। पाण्डे की निगाहों से परेशान।]

पाण्डे : बपुए, तू साफ़-साफ़ बताय दे मेरे को। का लफड़ा हैगा तेरा? अबे ए...

बापू : क्या है?

पाण्डे : स्साले हो! कर-कराय के हज़ूर का थोबड़ा ऐसा, जैसे कुछ हुअई नई!

बापू : क्या हुआ?

पाण्डे : कौन लौंडिया को घुमाय रा हैगा बे आजकल तू?

बापू : मैं? क्या बकते हो यार!

पाण्डे : साले, सँभल के रैना...लौंडियाबाजी का चक्कर तूने का समझ रक्खा हैगा बे घनचक्कर? वो हमीं कर जानें। तेरे से नईं सहा जायेगा। बाद में चुनचुनायेगा।

बापू : अच्छा!

पाण्डे : अच्छा त अच्छई सई बच्चा। पै भइया, एकाध दफे उससे हमरा इन्ट्रो कराय देगा के नईं?

बापू : नहीं।

पाण्डे : नहीं? मेरे से नईं? ये त्तेरी हिम्मत? अबे, सोचने की देर हैगी यां, एक नईं, दो नईं, दस-दस लौंडिया यों नचायेंगे पाण्डे जी महाराज!

बापू : तो नचाओ! हमें क्यों धमकी देते हो?

पाण्डे : अबे, वो लौंडिया तेरे से झेलते नईं बनेगी इस वास्ते पूछा। अच्छा बताय दे, हैगा कोई तेरा हितू? तेरे काम साले हमीं आयेंगे।

बापू : मैं अपनी चिन्ता कर लूँगा।

पाण्डे : अयं? करना, तुम वोई करना साले। मद्दत की ज़रूरत होय तो टेरना। समझा? अपना क्रिशन भगवान की नाईं दौड़े-दौड़े आयेंगे। गार्जियन पार्टनर हैंगे तुमारे, साली कोई बात हैगी?

बापू : *(गुस्से में)* थैंक यू!

[पाण्डे बूट पहन कर ऊल-जलूल गाना गाता हुआ चल देता है।]

बापू : *(दर्शकों से)* घिन हुई। मीता और मेरे बीच नया नाता बुन गया था, मेरा मन नहीं करता था कि किसी के साथ बोल कर बाँटूं। मैं उसे सिर्फ़ अपना अनुभव बनाकर रखना चाहता था। फिर भी उलझन कायम थी। यह जो अंकुराया है रिश्ता, वो असल में है क्या चीज़? मन-ही-मन सौ-सौ बार मैं उसका हाथ अपने हाथ में गह कर काँपती आवाज़ में पूछ रहा था : 'मीता, तुम्हारे बर्ताव का मतलब क्या है? तुम मुझसे क्या उम्मीद करती हो?'

[पाण्डे आता है। एक्साइटेड।]

पाण्डे : ओ बे बपुए, तूने सुना के नईं?

बापू : क्या?

पाण्डे : तेरी लौंडिया ने—मीता ने—सुसाइड कर लिया।

बापू : *(सुन्न पड़कर)* क्या?

पाण्डे : आः सौरी! ज़िन्दा हैगी अभी—नींद की कई-कई गोलियाँ निगल गयी थी।

बापू : मीता?

पाण्डे : हाँ!

बापू : तुम्हें कैसे पता चला?

पाण्डे : कैसे पता चला? सारा कॉलिज चिल्लाय रहा हैगा चूतियादास, तुम इधर कबर में सोये हुए थे तुमें का मालूम?

बापू : ऐसा नहीं हो सकता।

पाण्डे : तो मरो तुम। जाय के देख आओ। रूबी नर्सिंग होम पहुँचाया हैगा। तुमारी कसम, साली भौती फरवड-चाल लौंडिया हैगी रे!

[पाण्डे दूसरे विंग में चला जाता है।]

बापू : *(दर्शकों से)* विश्वास नहीं करते बना। सुसाइड? क्या ये मतलब था उसके बर्ताव का? मन किया, दौड़कर नर्सिंग होम पहुँचूँ। लेकिन हिम्मत न हुई। आखिर मैं हूँ

कौन? मुझे पहचानने वाली खुद बेहोश पड़ी हुई है। जो दीगर लोग होंगे उन्हें कभी देखा तक नहीं। बहुत कस लगाकर ही अपने को रोक पाया।

कालेज अफ़वाहों का बाज़ार हो रहा था। शादी टूट गयी है इसलिए किया...लव में फ्रस्टेशन की वजह से किया ...फ़ैमिली में टेंडेंसी मौजूद है...किसी से फँसी हुई थी और दिन चढ़ रहे थे...कुछ नामों का ज़िक्र भी होने लगा था। सुन-सुनकर जी उकता गया। दिमाग़ में अजीब गुल-गपाड़ा! क्या बात रही होगी? आखिरकार डरता-डराता नर्सिंग होम पहुँचा। ढूँढ़ा। मीता गहरी नींद सो रही थी। नाक में ट्यूब लगी थी, बाँह की नस में ड्रिप वाली सुई। साँस बहुत धीमे-धीमे चल रही थी। परली तरफ़ घर के लोग बैठे थे। उन लोगों ने मुझे देखा, मैंने उन्हें देखा। शून्य चेहरे। अजीब-सा लग रहा था। हिम्मत बाँधे खड़ा रहा। गहरी नींद में खोयी मीता। शिशु जैसा शान्त, मासूम पर एकदम मुरझाया, सफेदी-पुता चेहरा। ये मीता दूसरी ही थी। और वो जो ठहाके लगाती थी, मर्दाना शान से साइकिल दौड़ाती थी, मुझे बापू जी के नाम से टोकती थी, वह मित्रा कौन थी?

कई दिन ताला-बेली में बीते! फिर एक रोज़ सुना कि घर आ गयी है, और उसके बाद जनाब कालेज में हाजिर।

[साइकिल लिए सुमित्रा आती है।]

सुमित्रा : बापू...ए बापू जी मेहराज...

बापू : *(देखते ही पहले विस्मित, बाद में आनन्दित होकर)* मीता!

सुमित्रा : मीता ही हूँ। क्यों? तुम्हें हैरानी है कि ये मरी-वरी नहीं?

बापू : नहीं-नहीं! आज...ऐसा नहीं लगा था कि यहाँ दिखाई पड़ोगी।

सुमित्रा : बस, चले ही आये। घर के कैदखाने में पड़े-पड़े जी उकता गया था।

बापू : कैसी हो अब?

सुमित्रा : मैं? फा इन्! मर जाऊँ तो भी दुबारा जान न दूँ। ब्बोहोत तकलीफ रे बाबा।

बापू :	तुमसे मिलना है...शाम को मिलोगी?
सुमित्रा :	वजह जानना चाहते होगे।
बापू :	कैसी वजह?
	[हलकी चोट खाकर]
	नहीं!...तुमने यही कैसे सोचा कि इसी वजह से मिलना है?
सुमित्रा :	बहुत से वही चाहते हैं, इसलिए। अगर तुम भी चाहो तो गलत थोड़े ही है।
बापू :	मैं नहीं जानना चाहता।
सुमित्रा :	ठीक है शाम को मिलेंगे...तुम हिल पर रुकना...मन्दिर के पास...
	[साइकिल सहित चली जाती है।]
बापू :	*(दर्शकों से)* मीता अपने को नार्मल दिखा तो रही थी मगर नार्मल नहीं थी। सब बहाना था...शो-आफ था। कम-से-कम मुझे तो यही महसूस हुआ।
	[सुमित्रा आती है। साइकिल लेकर नहीं आयी है।]
बापू :	साइकिल?
सुमित्रा :	नहीं लायी। छुप के आयी हूँ।
बापू :	क्यों?
सुमित्रा :	क्या तुम्हारी अकल घास चरने गयी है? जान देने की कोशिश करने वालों को कोई अकेला रहने देता है कभी?
बापू :	सुबह कालेज में तो...
सुमित्रा :	एक पहरेदार था...घर की नौकरानी। ज़रा आगे-पीछे चल रही थी। माँ खुद आने वाली थीं; मैंने कहा, अगर ऐसा करोगे तुम लोग तो दुबारा नींद की गोलियाँ खा लूँगी!
	[हँसती है।]
	आजकल ये धमकी सब मर्ज़ों की अक्सीर इलाज है। रूह काँपती है जान देने वाले को देखते ही! अभी अगर कहके आती तो पहरेदार पीछा करता, इसीलिए साइकिल को छुट्टी दी। साड़ी तक नहीं बदली। ऐसे ही खिसक दी।
बापू :	पता तो चल के ही रहेगा...

सुमित्रा : चला करे। थोड़ी देर को हाय-तौबा मचेगी।

बापू : नहीं-नहीं, तुम जल्दी घर पहुँच जाओ। बेकार फिकर करेंगे घरवाले।

सुमित्रा : हाँ-हाँ, मालूम। बड़ा आया तू फिकरमन्दों का बादशाह।

बापू : वो बात नहीं...

सुमित्रा : तू अपनी बात कह।

बापू : बात कैसी?

सुमित्रा : तुम्हीं ने कहा था न कि मिलना है?

बापू : हूँ-हूँ। वो ऐसे ही।

सुमित्रा : डोण्ट टेल मी। यहाँ जी छोड़कर भागे-भागे आये हैं तो क्या आपसे ऐसे ही मिलने के लिए?

बापू : तो क्या फिर...?

सुमित्रा : आप बापूजी, बिना सींग के गधे हैं। एनी वे, आयी हूँ तो अच्छा लग रहा है। राहत महसूस होती है। होश में आयी तभी से जैसे हवालात में बन्द थी। सबकी निगाहें मुझी पर जमी हुईं। मैं उठती हूँ, हँसती हूँ, तो लोग चौंक-चौंक पड़ते हैं। चेहरे पर सबके शक छुपा हुआ। और आवाज़ में झूठ-मूठ का अपनापा।

[यह देखकर कि वह देख रहा है।]

तू ऐसे क्यों देख रहा है?

बापू : *(नज़र हटाकर)* कहाँ देख रहा हूँ।

सुमित्रा : जान देने वाला इन्सान तो तुम लोगों को अजीब जानवर-आनवर जान पड़ता होगा, है ना?

[बापू को अपराध-भाव से नकारात्मक ढंग से सिर हिलाते देख]

जब से होश में आयी हूँ, ऐसा लग रहा है मुझे जैसे मेरे सींग उग आया हो या कूबड़ उठ आया हो। हर घूरती आँख में भी यही...

बापू : सॉरी...मेरे मन में भी ये नहीं था...

सुमित्रा : *(अनपेक्षित हिंस्र भाव से)* झूठ मत बोल!

[नार्मल होकर]

मैं समझती हूँ...अगर मैं ही तुम लोगों को सबसे अलग

जान पड़ती हूँ तो तुम्हारा क्या दोष! मगर ग़ुस्सा आता है, अपनी खोपड़ी ठिकाने पे नहीं है, सच में।

बापू : एक बात पूछूँ?

सुमित्रा : पूछो। वही तो कह रही हूँ।

बापू : भड़क तो न उठोगी?

सुमित्रा : तो क्या? तुम्हारा क्या बिगाड़ सकती हूँ?

बापू : तो ठीक है, मगर...

[हिम्मत बाँधकर]

क्यों किया वो तुमने?

सुमित्रा : दैट्स इट! और सुबह कह रहे थे, मुझे नहीं जानना!

बापू : नहीं। ये अभी-अभी ध्यान में आया...तकलीफ़ होती हो तो रहने दो...

सुमित्रा : तकलीफ़ असल में ज़िन्दा रहने की होती है। पर सच, अच्छा लगा था। आँख खुली...आहिस्ता-आहिस्ता ध्यान में आया, ये सब जाना-पहचाना है...मैं रोज़ की दुनिया में ही तो हूँ...चिड़ियों की चहक सुनायी पड़ी...माँ-बच्चे को समझा रही थी तोतले सुरों में : 'ओ लो लो लो लो...लाजा मुन्ने लोते नई हैं...बछू-बछू...हो गया...' रेडियो बज रहा था : 'अबाप जैनारायण मिश्र शे समाचार सुनिये...' जानी-पहचानी बेमानी आवाज़ें सुनीं तो जी जुड़ा गया...तुम जानना चाहते थे ना, कि मैंने ऐसा क्यों किया? बताऊँ तो समझ भी पाओगे?... बच्चे हो न...

बापू : *(ज़ोर देकर)* मैं बच्चा नहीं हूँ!

सुमित्रा : होल्रेट! आप बापू जी हैंगे!

[मज़े में हँसती है। बापू की गम्भीरता देखकर]

बताती हूँ बाबा...अच्छा, कैसे ही बतायें तो चलेगा?

[मन-ही-मन तैयार हो रही है।]

तुम मेरी तरफ़ मत देखो। उधर देखो। और सिर्फ़ सुनो...

[बापू दूसरी ओर मुँह करके बैठता है।]

सुमित्रा : *(कोशिश करके)* एक लड़की थी। उसे लड़कियों में खेलने के बजाय लड़कों के संग खेलना अच्छा लगता था। खेल भी ऐसे-ऐसे जो लड़के खेला करें। खेल-खेल

में लड़के धींगामुश्ती करें तो उसे लाज-संकोच नहीं होता था...बीच-बीच में 'हूँम' कह सकते हो, जिससे मालूम पड़े कि मेरे सामने पत्थर नहीं रक्खा है।

बापू : हूँम!

सुमित्रा : बड़े-बूढ़े नाराज़ होते थे, लेकिन लड़की ध्यान नहीं देती थी। देखते-देखते लड़की बड़ी हो चली। सयानी हुई तो बुज़ुर्गों को फिकर हुई। फिर कड़ाई बरतना शुरू हो गया। एक हौआ खड़ा किया गया, कायमी, कि लोग क्या कहेंगे? बारहों महीने, चौबीसों घण्टे उसके मन पर ये ठप्पा लगाया गया कि मर्दों से बचके रहना चाहिए। वो जानती ही नहीं थी कि इसका मतलब क्या है। मर्दों में ऐसा क्या है जो बच के रहना चाहिए। और ये सब बताने वाले भी मर्द ही थे...उसके पिता, दादा...ये लोग मर्द नहीं थे? क्यों ये बार-बार जाते थे? ऐसे लड़की थी घरेलू किस्म की। समझती नहीं थी, पर मान लेती थी। तब उसने कठघरे बनाये। तकलीफ़ तो होती थी। मगर वो कठघरों की दुनिया में जिया की...ए! सुन रहा है कि नहीं।

बापू : *(जैसे होश में आकर)* हाँ।

सुमित्रा : तू हूँम कह।

बापू : हूँम।

सुमित्रा : *(चिढ़ाकर)* हूँम। उल्लू कहीं का।... त क्या हुआ के छब लोगों ने छोछा के लाली बच्छी है ना, ये किछी 'डीछेन्ट' ललके छे 'पट' आये। त ज़ोल डाला गया के 'एक्छ' ललके छे मिलना जुलना जाली लक्खो। खूब कोछिछ की गयी। खूब! शामें तैयार की गयीं। दुलार भरी सख्ती बरती गयी। बिचारी आज्ञाकारी लड़की, वही करने लगी।

बापू : *(याद आते ही)* हूँम।

सुमित्रा : अहा, मेरा खुश़नसीब, तो...लड़की ये सब तो करती जाये, पर ये भी समझे कि मुझे मर्दों का मेल-जोल भाता है, मगर 'वैसा' मेल-जोल नहीं। त क्या हुआ करे कि जब 'एक्स' मर्द से मेल-मिलाप हो तो रोमांच-ओमांच न

हो। और न उसका दिल यों-यों हुआ करे। न धक-धक, न इत्ती-सी फड़फड़। मगर लड़के के ये सब होय—औ लड़की के होतेइ होयगा विचारा येई मान लिया करे। फिर लड़की को ये सब अजीब-सा लगा। वह अपने से पूछे, अपने भीतर वो क्यों नहीं होता जो दूसरी लड़कियों के होता है? ये कैसे कि मर्दों के बीच अपने न लाज न संकोच, अपन बिल्कुल टिचन्न? वे कैसे कि उनके कन्धे पै सहज हाथ रख दे? जब लड़का बेचैनी छुपा न पाये, तो अपने अजीब क्यों लगता है? दुनिया भर के सुने-सुनांये, पढ़े-पढ़ाये सबके सब वाहियात औ'अश्लील जोक्स याद करके लड़की लड़के से मिला करे, मगर बात वही! लड़के का संग तो अच्छा लगता था, पै उसकी पहलबाजी अजीब लगे, और लड़की उकता जाया करे।

[बापू को चुप देख]

हूँम

बापू : *(याद आते ही)* हूँम...सुन रहा हूँ।

सुमित्रा : मैं सत्यनारायण की कथा नहीं बाँच रही हूँ।

[रुककर]

तो सोच-सोच के लड़की के भेजे में कीड़े पड़ गये। आखिरकर लड़की ने सोचा कि अपनेई में कोई कमी होगी। अपन ही गलत हैं कहीं तो भी, अपनेई को दुरुस्त करना चाहिए...ऐसे कि किसी को पता तक न चले...

बापू : *(उसे रुकते देखकर)* हूँम!

सुमित्रा : *(डिस्टर्बड)* पता न चले उस डीसेन्ट लड़के को भी। क्या करें? तो उसने...माने, लड़की ने...

[अटकर कर]

एक एक्सपेरिमेंट किया...

बापू : एक्सपेरिमेंट?

सुमित्रा : *(जैसे सुना न हो)* किस्सी से नहीं कहा...सिर्फ़ तुम्हें ही बता रहे हैं। पता नहीं क्यों।...सारा उल्लूपना बताती हूँ।

[तकलीफ़ होती है। सिगरेट निकालकर जलाती है। हाथ काँप जाता है। लम्बा कश लेकर]

घर में एक नौकर था। पुराना था। उसने कई दफा उस लड़की से...लड़की में इण्टरेस्ट दिखाया था...ऐसे कि सिर्फ़ लड़की समझ जाये...माने किसी और नाते से नहीं...याने लड़की है तो बस लड़की है...यू नो व्हाट! वो था वैसा।

[एकदम उसका हाथ पकड़कर]

वचन दो, कभी किसी को नहीं बताओगे...कसम खाओ... खाओगे?

बापू : *(कुछ समझ नहीं पाता, फिर भी)* हाँ कसम खाता हूँ।

[हाथ खींच लेने का साहस नहीं है।]

सुमित्रा : *(हाथ छोड़कर पर अपने से जूझते हुए)* उसने...उससे मिलना तय किया...

[थूक निगल कर]

तय करके...निश्चय करके...तैयार होकर...और उसे...माने लड़की को पता चला...कि ये मेरे लिए नहीं है...अपन उनमें से नहीं जो...इसे निभाते भी नहीं बनेगा अपने से...अपन अलग है...किसी पुरुष की स्त्री हो ही नहीं सकते हैं अपन...कभी भी नहीं...

[उग्र तूफान। फिर गुज़र जाता है। सिगरेट बुझाकर फेंक देती है। अब स्वर सूखा हुआ।]

लड़की ने निर्णय लिया कि मर जायेगी। और गोलियों पर गोलियाँ गटक गयीं...जब लगा कि असर हो रहा है तो राहत मिली कि चलो, सब खेल ख़त्म हो जायेगा। यही सोच के लेट गयी आँख खुली तो पाया कि खेल ख़त्म नहीं हुआ। खेल जारी है। अपने सहित। बपुआ नामक एक उल्लू सहित!

[ठहाका]

उल्लू! बापू नामक उल्लू। उल्लू बापू!

[हँसी रोक कर]

बुरा मत मानना बापू! हँसने की गरज होती है तो यही करती हूँ। कुछ भी उठा लेती हूँ।

[लम्बी साँस लेकर]

सो, दैट्स दैट!...

[ज़रा रुककर और बापू को चुप देखकर]

क्या सोच रहे हो?

बापू : कुछ समझ में नहीं आता, याने तय नहीं करते बनता। सब अजीब है।

सुमित्रा : तय होने तक मत मिलना।

बापू : अब तुम्हारा आगे क्या इरादा है?

सुमित्रा : मेरा? अभी कुछ तय नहीं है। ये ज़रूर तय है कि मरना नहीं है।

बापू : घर में बता दोगी?

सुमित्रा : क्या? नहीं। वो नहीं बताऊँगी।

बापू : तो उन लोगों ने जो तय किया है वो?

सुमित्रा : वो टूट कर रहेगा। जान देने वाली से कौन ब्याह करने चला है? तुम करोगे?

बापू : *(गड़बड़ा कर)* क्या?

सुमित्रा : क्या-क्या?...घर पे कभी तो बताना पड़ेगा। और कोई बात नहीं, सिर्फ़ इतनी-सी बात ज़रूर है कि बताने पर भी वो समझ पायेंगे? उन्हें शायद मालूम नहीं होगा कि ऐसा भी कुछ होता है। मालूम भी हो तो भी यही ढर्रा है कि तू भी चुप, मैं भी चुप। हटाओ। मैं चलती हूँ।

बापू : एक बात जानती हो?

सुमित्रा : *(जाते-जाते मुड़कर)* क्या?

बापू : मैं गया था...अस्पताल में। तुम्हें देखने।

सुमित्रा : डोण्ट टेल मी! मैं कैसे दिखी तुम्हें?

बापू : तुम...ऐसा लगा जैसे कोई छोटी-सी लड़की खेल-खेल में थक गयी हो। तो सुइयाँ और ट्यूब्स...उनका मुझे बहुत ग़ुस्सा आया। मन किया कि सब निकाल के फेंक दूँ और तुमसे कहूँ कि उठो...सब लोग मुझे टुकुर-टुकुर ताक रहे थे, तुम्हारे यहाँ के लोग...फिर भाग आया।

सुमित्रा : *(लम्बी साँस लेकर)* हूँम! चलूँ? मिलूँगी! कब? कह नहीं सकती, पर मिलूँगी।

[चली जाती है।]

बापू : *(दर्शकों से)* सच तो यह है कि जब मीता को अस्पताल के कमरे में शान्ति से सोते देखा था तो तबीयत हुई थी कि उस मासूम दिखने वाले भरे-भरे बदन को अपने से सटा लूँ...मगर मीता से यह कहते हुए ज़ुबान लड़खड़ाई। मीता के चले जाने के बाद मैं बड़ी देर तक सोचता रहा। उसने अपने बारे में जो बताया था, उसने गहरे चक्कर में डाल दिया था। ऐसी लड़कियाँ भी होती हैं। जन्म से होती हैं या बाद में हो जाती हैं? इसे बीमारी कहें या आदमी की एक किस्म? क्या करते होंगे ये लोग? मीता का क्या होगा? सब अजीब था और...और घिनौना था। ऐसे कोई वजह नहीं थी, मगर बताये बगैर रहा न गया इसलिए पाण्डे से बात छेड़ी...ज़रा घुमाफिराकर।

[पाण्डे आता है और मनोयोग से दाढ़ी घोंटना शुरू कर देता है।]

बापू : पाण्डे, कुछ आदमी ही अलग किस्म के होते हैं...माने अपने से एकदम अलग...

पाण्डे : *(दाढ़ी करते-करते)* उनें लौंडिया कहते हैंगे।

बापू : वो नहीं कहता मैं...मसलन एकाध येई...याने लड़की...कुछ अलग किसम की होती हैं...अलग माने उसे...पुरुष का आकर्षण ही नहीं होता है।

पाण्डे : *(दाढ़ी करना जारी है।)* फिर-जिड कह बे!

बापू : क्या?

पाण्डे : फिर-र-जि-ड! याने मर्द के छूतेई बरफ!

बापू : वही।

पाण्डे : वही का?

बापू : *(एकदम)* वही, माने सोचता हूँ कि उनकी बड़ी वो होती होगी, याने ज़िन्दगी।

पाण्डे : जिस मरद का उनसे पाला पड़ता होयगा उसकी ज़रूर होती होयगी, क्योंकि कै भी नईं सकते औ सै भी नईं सकते साले।

बापू : मगर वो...वो ऐसे हो कैसे जाती हैं।

पाण्डे : का बोला?

बापू : ऐसे कैसे हो जाती हैं?

पाण्डे : ए! जरा मुइयाँ इधर को फेर पैले। साले, तेरा पाला तो नई पड़ा किसी ऐसियई से?

[बापू सिर हिलाकर एकदम मना करता है।]

पाण्डे : त मरने देय यार! का साला सुबू-सुबू से गन्दी-गन्दी बातें ले बैठा होगा। संक्षेप में कहूँ? ताली-फटकार होते हैंगे ना?... हिजड़े...वैसई ये...फिरजिड औरतें...समझ गये?

[देख कर कि बापू को सन्तोष नहीं हुआ।]

अच्छा, उनें गोली मार। यार, तेरे से अपना एक काम हैगा।

बापू : मेरे से?

पाण्डे : हाँ। तुम जानते ई हो कि अपन डरामा कमेठी के सिकरेटरी चुन के आये हैंगे। प्रिंस्पल तो कहता हैगा के लौंडे-लौंडियों का मिक्स वाला डरामा बन्द। बन्द तो बन्द, मगर आफत साली आयके पड़ी। लौंडिया लोग अगर अपना डरामा अलग से करें तो मर्द का पार्ट करने के वास्ते ज़रा अच्छे डील वाली लड़की भी तो होय?

बापू : फिर?

पाण्डे : यार, तू अपनी मीता सिंघ को पटाय दे।

बापू : मीता को? पाण्डे, वो नहीं होने वाला। अभी हाल तो एक आफत से सही-सलामत वो बरी हुई है, तुम जानते ही हो।

पाण्डे : वोई सुसाइड वाली आफत ना? अबे वो तो आयी-गयी होय गयी हैगी।

बापू : हो कैसे गयी! वो ड्रामा-विरामा में पार्ट कैसे कर सकती है?

पाण्डे : पूछ के त देख प्यारे...ज़्यादा-से ज़्यादा मनेई कर देगी।

बापू : मैं बिल्कुल नहीं पूछूँगा।

पाण्डे : बपुआ, तू उसका नज़दीकी हैगा तो साले कित्ता मस्का मलवायेगा? बताय दे।

बापू : ये अपने से होने वाला नहीं है। दुबारा सवाल न उठाना।

[पाण्डे मुँह बनाकर जाता है।]

बापू : *(दर्शकों से)* पाण्डे ने दुबारा बात न उठाई लेकिन सीधे मीता से मिला और पूछा और नाचता हुआ आया। बोला, वो पार्ट करेगी। मैं विश्वास नहीं कर पाया, जब मुझसे न रहा गया तो मैंने मीता से पूछा। वो बोली, क्यों? क्यों न करूँ? तुम्हें पसन्द नहीं इसलिए? मैंने सिटपिटा कर कहा, नहीं वो बात नहीं है लेकिन...वो बोली, ज़िन्दगी जहाँ नाटक होकर रह गयी है, वहाँ सीधे नाटक में ही क्यों न उतरूँ? कहने लगी, मुझे बहाना चाहिए...उतनी ही देर घर से दूर रह लूँगी...

मीता ने ड्रामा में पार्ट किया। मैं दर्शकों में था।

[नाटक का दृश्य। प्रणय-प्रसंग। पुरुष वेश में सुमित्रा रौबीली दिखती है। नायिका के रूप में नमा। नाजुक और गुड्डी जैसी। साउण्ड ट्रंक पर दर्शक विद्यार्थियों की सीटियाँ, कमेण्ट्स, तालियाँ मीता पर कोई असर नहीं। नमा घबराई हुई।]

बापू : ड्रामा ख़त्म होते ही मैं बतौर शिष्टाचार के मिलने गया।

[नायिका बनी नमा भीतर चली जाती है। सुमित्रा पुरुष वेश में सिगरेट पीती हुई खड़ी है।]

बापू : काङ् ग्रन्ट्स मीता! तुम्हारा काम बढ़िया रहा।

सुमित्रा : झूठमूठ मती बोला कर। बिलावजह झूठ बोलना बुरी बात है। बपुआ!

बापू : *(दुर्बल चेष्टा)* नहीं, मैं सही कह रहा हूँ।

सुमित्रा : शटप्! तुम अपने को जितना जानते हो उससे ज़्यादा मैं तुम्हें जानती हूँ। मेरी खाली खोपड़ी को बिजी रखने की ज़रूरत थी। वो पूरी की। सवाल है अब कल से क्या?

[नायिका बनी नमा मेकप कायम रख कर मगर कपड़े बदल कर पर्स लिए आती है। उसके साथ है दलवी। सेकिण्ड इयर का विद्यार्थी। अच्छी-खासी पर्सनैलिटी! अच्छा कद और गठीला बदन। दोनों मंच पार करते हैं।]

नमा : गुड नाइट मीता–

सुमित्रा : *(एकदम आगे बढ़कर उसे अपने से सटा कर चूम लेती*

है।) गुडनाइट डार्लिंग...अण्ड स्वीट ड्रीम्स...

[नमा गड़बड़ा जाती है। बापू और दलवी देख रहे हैं। दोनों को यह घटना अच्छी नहीं लगती। नमा जाती है। पीछे-पीछे दलवी भी। जाते-जाते मन्या बापू को सिर्फ़ पहचान दिखाता है।]

बापू : *(सँभल कर)* ये बहुत नफीस दिख रही थी...बतौर हिरोइन के।

सुमित्रा : *(नमा की दिशा में देखकर खोई हुई, बापू को देखती है पर नमा में उलझी हुई है।)* क्या कहा? तुझे भा गयी?

[बापू आज्ञाकारी सेवक की भाँति सिर हिलाता है।]

सुमित्रा : चंट है...

[वही मूड]

बापू : *(कुछ और नहीं सूझता इसलिए)* चलता हूँ।

पाण्डे : *(उसी मूड में)* हाँ-हाँ।

[बापू मुड़कर अपस्टेज की ओर बढ़ता है। खोई-खोई सुमित्रा धीरे-धीरे चली जाती है। उसकी चाल मर्दाना है। वेश भी पुरुष का।]

बापू : *(दर्शकों से)* पाण्डे उस रात वहाँ आया तो जैसे तैरता हुआ आया...

[पाण्डे आता है। ज़रा पिए हुए है।]

पाण्डे : बपुए! हमरा कतल होय गया! कलेजा काढ़ लिया हमरा! का दिख रई थी वो बपुए...

बापू : बहुत खूबसूरत दिख रही थी हिरोइन के रोल में।

पाण्डे : कौन? नमा देसमुख? बे, गोली मार देय नमा देसमुख को! मीता सिंघ की बोल...

बापू : क्या?

पाण्डे : क्या? साले, तुमने देखई नईं। हाय मेरे दिल! का रौब ...का तेवर...कदम-कदम पै साली चैलेंज टपकाय रही ...मेरे को ऐसा हुआ...

बापू : *(ज़रा घबराकर)* मीता भी अपने रोल में ठीक ही थी।

पाण्डे : सिरफ ठीक? अरे नामर्दो, तुमारे आँखई नईं...भगवान ने साले तुमारे आँख के गड्ढे में कौड़ी फिट करी हैगी।

मीता औ सिरफ ठीक? मुर्दाबाद साले! मेरे को ऐसा हुआ के इस्टेज को त क्या, हमारे दिल को रौंदती चली जाय रई हैगी। हाय, उसकी निगाय, उसकी हँसी, उसके खड़े-खड़े का पोज...

बापू : *(ज़रा चिन्ता भरे सुर में)* पाण्डे, क्या ड्रामा के बाद पी के आये हो?

पाण्डे : पी! जरूर पी। साला गदरिंग ने काँटा ढीला कराय दिया हमरा! मगर सुन, अपन नसे में नई बड़बड़ाय रए हैंगे। माताराम की सौंह, अपना कतल होय गया। उसकी साँस पे अपनी जान कुरबान हैगी। इसी में जो समझना होय सो समझ जा! अपन उसपे फिदा हैंगे भइए! बस्स!

बापू : इतने दिनों से कालेज में उसे देखा किए और आज...

पाण्डे : जाने कौन भुलावा था क दिखई नई इत्ते दिन! आज गजब होय गया प्यारे! इष्टेज पे पाँव धरा उसने ओहोहोहो! अपनी जान फाख्ता-बपुआ रे, तू मेरा दोस्त, दोस्ती की खातिर इत्ता करि दे जानेमन...उससे मिलवाय दे।

बापू : क्या बकता है...

पाण्डे : माताराम की कसम प्यारे, अपने तेरे को मुर्गा खिलवाएँगे, सलीमा दिखाएँगे, जो कहे सो करेंगे तेरी खातिर, मगर वाँ पोंचाय दे जालिम!

बापू : पाण्डे, तुम बेकार में मरे जा रहे हो...

पाण्डे : काहे?

बापू : क्योंकि...जो कुछ समझ रहे हो वो बात नहीं है...दूसरी ही बात है...

पाण्डे : तो दूसरयई बात बताय दे...का बात हैगी?

बापू : मैं बता नहीं सकता...

पाण्डे : त बताय मत, मिलाप कराय दे। ऐसे त अपन डाइरेक्टली भी बात कर सकते हैंगे...डरामा के बाबत पूछई या, पै ये सब मूं से कढ़ी नईं सकता हैगा...औ कै भी सकते हैंगे, मगर उसने नाहीं कर दी त बापू अपन जिन्दा नई रह सकते। नद्दी में डूब के मर जायेंगे...आई विल टेक पायज़न...जी नई सकते...बगैर उसके...दोस्ती का सवाल

हैगा भड़ुए...ये इत्ता-सा काम कराय दे...तू नम्बर लगवाय दे...इसके बाद दूसरा काम करने को नईं कहेंगे...

बापू : *(ज़ोर देकर)* मुझसे नहीं होगा।

पाण्डे : सोच ले...

बापू : नहीं पाण्डे, तेरा ये वाला काम मैं नहीं करूँगा। तू मुझे बेकार की कसमें मत खिला।

पाण्डे : बेकार की कसमें खिला रए हैंगे हम, क्यों? अच्छी बात! त अब तू देखतई रैना, अपना का-का करके दिखायेंगे, हाँ! आई विल टेल हर। कह देंगे। कोई गुनाय हैगा साला? औ होय तो होई गया अपन से...कर लेओ भडुओ जो करना होय सो...गुनाय मंजूर त कर रै हैंगे अपन...

[बड़बड़ाता हुआ भीतर चला जाता है।]

बापू : *(दर्शकों से)* पाण्डे को ये क्या सूझी? उसे क्या बतायें, कैसे बतायें? बता दें तो बात आग की तरह फैल जायेगी। वचन टूट जायेगा। मीता को कष्ट होगा...साफ़-साफ़ दगाबाज़ी होगी। वो मैं नहीं कर सकता। मगर पाण्डे की क्या दवा है?

(सुमित्रा आती है। साइकिल पकड़े हुए। वेश हमेशा की तरह।)

सुमित्रा : बपुए, तुझी को ढूँढ़ रहे हैं हम!

बापू : *(सूखी आवाज़ में)* कहो मीता, कैसी हो?

सुमित्रा : *(बापू को छूकर)* क्या बात है? तबीयत ठीक है न? मेंढ़क की तरह पड़े हो और...चलो, चलके कहीं बैठें...।

बापू : अभी? मुझे ज़रा काम था...

सुमित्रा : तो चलते बनो। जाओ! भाव चढ़ाते हो?

बापू : मैं भाव नहीं चढ़ाता...

सुमित्रा : चलते हो या नहीं? बाकी बातें बाद में।

बापू : अच्छा चलो...

[दोनों ग्राउण्ड में जा बैठते हैं। साइकिल सुमित्रा की तरफ़!]

सुमित्रा : बापू, तुमसे कुछ कहना है। इधर तुम्हीं से कहती रही हूँ, ये भी उसी तरह कहना है। नहीं भी समझ पाओगे, तो

भी दुनिया भर में बकते नहीं फिरोगे। ड्रामे की भाग-दौड़ में हम लोग कई दिनों से मिल ही नहीं पाये, है न? याने आज जैसे! इस बीच बहुत सारी बातें हो के चुकी हैं। घर वाली बात बताई थी तुमको? शायद नहीं बताई। बताती भी कब! वहाँ ज़रा सहने क़ाबिल है। मैंने अपनी तरफ़ से तो कुछ नहीं कहा लेकिन...चाहे ये कह लो कि उन लोगों को पता चल गया है, चाहे ये ही सही कि कुछ तो भी ध्यान में आ गया है, ब्याह के बारे में नया क़दम नहीं उठाया गया है। ये बात ही कोई नहीं छेड़ता। याने मेरे सामने। मेरी पीठ पीछे जो भी कहते हों। उस मोर्चे पर सब ठण्डा है।

[ज़रा रुक कर]

क्या बात है? तुम ऐसे, कछुए जैसे क्यों बैठे हो? टाँगें समेट के?

बापू : नहीं तो!

सुमित्रा : तू हैई ऐसा। टूटा बुरुज जैसा।

[खुल कर हँसती है।]

या फूटा तरबूज़?

[खुश होकर]

दोनों! ए ज़रा जो हँस!

[बापू नहीं हँसता!]

सुमित्रा : हँस, नहीं तो गुदगुदाते हैं...

बापू : ये क्या है...निरा बचपना...

सुमित्रा : हँस। हँस पहले। हँसता है या नहीं?

[गुदगुदाती है।]

बापू : अरे अरे...

[घबराकर]

हँसता हूँ ये लो। बस...बस...

[गुदगुदाना बन्द करके खुद हँस रही है।]

बापू : ये क्या! कोई देख ले तो...

सुमित्रा : असली बात तो अभी बतानी ही है...

[देखते-देखते मूडी होकर]

बापू जैसा पुरुष के लिए महसूस होना चाहिए...वैसा कुछ किसी ने...किसी ने क्या? मैंने...महसूस किया...एक लड़की के लिए महसूस किया...

बापू : *(समझ नहीं पाता)* क्या?

सुमित्रा : क्या कहोगे तुम?

बापू : मैं? क्या कहूँगा...क्यों?

सुमित्रा : क्योंकि कुछ वैसा ही हो गया है...याने एक्जेक्टली वही नहीं, पर कुछ...वैसा ही। बापू, मुझे एक...लड़की से प्रेम हो गया है।

बापू : मीता...

[मीता उसे ध्यान से देखती है। बापू अवाक्]

सुमित्रा : बापू, वो लड़की मेरे मन में बस गयी है।...मैं...मैं उसके विषय में...कुछ...अलग, अजीब-सा अनुभव करती हूँ। मैं? बहुत नकारा...लेकिन अनुभव तो करती ही हूँ।

[बापू निःशब्द]

सुमित्रा : तुम्हें बता रही हूँ जैसे भगवान के सामने कुबूल करते हैं।

[बापू पहले की भाँति विमूढ़]

सुमित्रा : ए! सुन रहे हो न?

बापू : हूँम! सुन तो रहा ही हूँ।

सुमित्रा : इतने ज़ोर से पहले कभी महसूस नहीं हुआ था मुझे। स्कूल में थी तब शायद कभी-कभार एहसास हुआ होगा, लेकिन तब ठीक से जान नहीं पायी।...रिहर्सल के पलों में हलके से लगा करता था...मगर मैं झिड़क दिया करती थी। नाटक में उस रोज़ जब मैं वो लव-सीन कर रही थी, सब एकदम उभर कर सामने आ गया। उसका स्पर्श... गले लगाते ही उस देह की हबिस...एक किस्म भयानक भूख...बहुत...बहुत डरावनी...बहुत सुखकर...एकदम असली...एक चुनचुनाहट..एक अजीब सी सनसनी...वो मुझसे दूर हो गयी थी। जैसे उसने जान लिया हो...

[अब शुष्क स्वर में]

और तुम लोग महज एक नाटक देख रहे थे। एक नकली

लवसीन! मैंने उस रात जैसे बिजली की कौंध में देखा ...मुझे पुरुष की गरज नहीं; मुझे स्त्री चाहिए। मैं अलग हूँ, अलग हूँ।

[स्वर में कर्कशता]

मेरा दोस्त कहलाता है न? तुझे काम बता रही हूँ। पूछ कि कौन-सा...

बापू : *(अनजाने)* कौन-सा?

सुमित्रा : मुझे तेरे कमरे की ज़रूरत है।

[बापू सन्न]

सुमित्रा : जहाँ मुझे कोई डिस्टर्ब न कर पाये...मैं और...और नमा। मैं जी नहीं सकती उसके बगैर...बोलो, ये काम करोगे?

बापू : *(कमज़ोर स्वर में)* मीता...बात यह है कि...मेरा पार्टनर जो है...प्...पाण्डे...उसका...सवाल उसका है कि...

सुमित्रा : उसे जो चाहे बता देना। परसों दोपहर में तुम्हारा कमरा मुझे चाहिए...बस! मैं उसे वहाँ ले जाऊँगी।

बापू : मगर...

सुमित्रा : मगर-मगर नहीं कह सकता तू...मना नहीं कर सकता... किसी दूसरे से मैं यह माँग नहीं सकती...और अगर तू मेरी ख़ातिर ये नहीं करेगा, तो मैं...मैं...

[वाक्य अधूरा छोड़ देती है, बापू समझ जाता है।]

चलती हूँ...तुम पर निर्भर हूँ...अगर दग़ा दोगे...तो दुबारा बात तक नहीं करूँगी...गुड बाई देन, श्रीकान्त मराठे!

[साइकिल उठाकर चल देती है। बापू सुन्न; बैठा रह जाता है।]

[परदा]

अंक दो

[बापू पहले अंक के अन्तिम दृश्य जैसा। कमरे में पाण्डे की कसरत जारी है। बापू कमरे में आता है।]

बापू : गुरु!

[पाण्डे हूं हूं की ध्वनि करके ठहरने का इशारा करता है।]

पाण्डे : *(कसरत करना ख़त्म करके)* बोलो चेलाराम!

बापू : दुपहर में सिनेमा देखने चलते हो?

पाण्डे : *(सन्देहपूर्वक)* काहे?

बापू : *(नज़र बरकाकर)* सिनेमा देखने काय को जाते हैंगे?

पाण्डे : लौंडियों को मसकने भी जाते हैं। यार...तुमारे संग जाने में हमारा क्या फायदा होगा?

बापू : टिकट के पैसे मैं दूँगा।

पाण्डे : रैन्दे बे तेरा सलीमा।

बापू : अच्छा कल दुपहर में चलेंगे?

पाण्डे : आजी रात चलोगे? चलो तो चलो।

बापू : रात को नहीं चलते। दुपहर का बोलो।

पाण्डे : तुमसे सौ दफे कै दिया यार के दुपहर को सलीमा देखने से अपनी खोपड़ी गन्नाती हैगी साली।

बापू : *(ज़रा सोचकर)* लंच खाने चलते हो? कम्प में?

पाण्डे : *(सोचकर)* राती को चलो।

बापू : ऊँहुं। दुपहर में। आज?...कल?

पाण्डे : साले, दुपैर का कोई महूरत हैगा का? सलीमा, लंच...

बापू : महूरत काहे का रक्खा। ऐसे ही।

पाण्डे : तो बेटे, तू जा। अपन यई टाँग पसार के निद्रासुख

पायेंगे। बहुत सी निद्रा बकाया है भइये।

बापू : *(पसोपेश में)* कमरा चाहिए था, ज़रा दुपहर में।

पाण्डे : अबे त्तेरे की! काय के बास्ते? बोल?

बापू : काम था।

पाण्डे : अरे अपन भी तो जानें।

बापू : *(उत्तर नहीं देते बनता)* ऐसे ही। पढ़ना...ज़रा पढ़ना था।

पाण्डे : कौन को?

बापू : मुझी को?

पाण्डे : साले, तू हमें सलीमा या लंच खाने ले जायेगा और उसी बख्त यहाँ पढ़ाई भी करेगा? एं! चूतिया बनाता हैगा?

बापू : नहीं-नहीं। वो कन्सल। तुमने मना कर दिया है न? ये अलग। अचानक याद आ गया।

पाण्डे : तू हमें यहाँ से टरका के पढ़ेगा? का हम हुजूर की पढ़ाई में खलल डाल रय हैंगे?

बापू : खलल नहीं यार...पोर्शन हार्डवाला है।

पाण्डे : तो लाइबिरेरी में ले जाइए तसरीफ का टोकरा! माबदौलत यई आराम फरमायेंगे।

[बापू बहुत पसोपेश में। जैसे संकटग्रस्त हो।]

पाण्डे : अच्छा! याँ से टलनई हैगा न? तू कर अपनी पढ़ाई।

बापू : *(खुश होकर)* सच? सच कह रहे हो?

पाण्डे : *(फ़ेज़)* तुम्हें झूठ मालूम दिया?

बापू : सिर्फ़ पाँच बजे तक। उसके बाद खुशी से चले आना।

पाण्डे : जा रय हैंगे। कै तो दिया। पै एक शर्त हैगी।

बापू : शर्त कैसी?

पाण्डे : नाम बता।

बापू : नाम? नाम किसका?

पाण्डे : अपनी पढ़ाई क़ा! बे भडुये, परिच्छा साली तीन महीने के फासले पै औ तेरे को आजी पढ़ाई की याद सता रई हैगी? लौंडिया कौन, सो बोल।

बापू : नहीं यार।

पाण्डे : बपुये साले, हम से झूठ मती बोल। हम तुमारे यां पे गार्जियन हैंगे...गार्जियन पार्टनर!

बापू : नहीं भई, माँ कसम।

पाण्डे : माँ कसम?...ठीक। आज त खैर नईं, पर कल दुपैर में एक बजे अपन जो गायब होयेंगे सो पाँची बजे दर्सन देंगे।...तुम चाय हमारा काम मती करना, पै अपन तुमारी खातिर चूतड़ घिसेंगेई। घिसेंगे स्साले। जरा कईं मीता से मिलाप कराने की कही त जनाब सतर होय गये। जाओ स्साले!

बापू : अगर तुमने उसे ड्रामे में पार्ट करने को कहा था तो तुम्हीं क्यों नहीं...

पाण्डे : यंई तो अपनी घुड़िया बिंदकती हैगी भइये! पै पूछेंगे। हमीं पूछेंगे औ लौंडिया को गोदी में खिलायेंगे। देखते रैना। ज़्यादा से ज़्यादा यई तो होयगा कि मनै कर देगी, बोल?

बापू : हाँ!

पाण्डे : औ हाँ भी कर सकती हैगी। लौंडिया का का भरोसा! तूई बता, अपन में हैगी कोई खराबी? हैगी? बाडी हैगी, घर की खेती हैगी। कानी कौड़ी भी न कमायें तो भी रोटी के लाले नईं पड़ सकते हैंगे। समझे? और जल्दीई साली डिगरी भी हासिल करकेई रहेंगे। अपन उससे पूछे बगैर नईं रहने वाले। हाँ...

बापू : तो फिर पक्का रहा न? वो कल वाला?

पाण्डे : मर्द की जबान है साले...

[जाता है]

बापू : *(दर्शकों से)* मीता को काफी पहले इत्तला देना ज़रूरी था। दी। अपनी वाली चाबी भी दे डाली। लेकिन दिमाग़ के भीतर कीड़ा कुलबुला रहा था, लग रहा था कि ये गलत काम है। पाण्डे ने रात को कुछ नहीं पूछा; मैं ही अपने से लगातार पूछता रहा। सही या गलत? जो कर रहा हूँ वो है क्या? मीता को आगाह कर दिया था कि साढ़े चार से पहले कमरा जैसा-का-तैसा रच कर, चाबी रौशनदान में रखके चलती बनना। साढ़े चार भी नहीं, चार ही से पहले। हाँ-हाँ करती जा रही थी, पर शायद सुन नहीं

रही थी। दिमाग़ में उसके कुछ और ही चक्कर काट रहा था। मैं मुश्किल से पौने पाँच बजे तक लाइब्रेरी में वक़्त गुज़ार पाया। दिल को चैन नहीं था। धड़क रहा था। निगाहों में जाने क्या तैर रहा था। पाँच में दस मिनट कम पर कमरे पर पहुँचा। दरवाज़े पर ताला लटक रहा था। चाबी दरवाज़े के ऊपर रौशनदान में रखी हुई थी। कमरा जस-का-तस दिखाई पड़ रहा था। बिस्तर भी। अचरज हुआ, राहत मिली। पाण्डे कोई साढ़े छह बजे के करीब लौटा। आते ही उसने इतना ही कहा : 'मर्द की ज़बान देखी? तेरे माफिक बेईमान नहीं!, दूसरे दिन कालेज में मीता मिली तो ज़रूर मगर अनदेखा करके बढ़ गयी। मुझे बुरा लगा। रहा न गया। मैंने उसे टोका...

[सुमित्रा आती है।]

बापू : ठीक हो?

सुमित्रा : फाइन्!

बापू : लगती नहीं हो।

सुमित्रा : तो क्यों पूछते हो?

बापू : परसों के बाद आज दिखी हो इसलिए–

सुमित्रा : अच्छा, चलती हूँ।

बापू : *(अपमानित अनुभव करके भी सँभल कर)* अगर वक़्त हो तो रुकोगी नहीं?

सुमित्रा : रुकें किसलिए?

बापू : कल के क्या...

सुमित्रा : फाइन्! फर्स्ट क्लास! थैंक्स, कमरे की खातिर!

बापू : इसलिए नहीं पूछ रहा हूँ। ठीक नहीं दिख रही हो...

सुमित्रा : होगा...

बापू : नहीं आयी।

सुमित्रा : नहीं।

बापू : क्या मतलब?

सुमित्रा : *(चिढ़कर)* मुझे क्या पता? मैंने चौराहे पर राह देखी। आखिरकार चाबी रखके चली आयी।

[बेचैन होकर]

उसे हटाओ। तुमने वचन निभाया, इसके लिए थैंक्स।

बापू : तो अब?

सुमित्रा : अब? अब कुछ नहीं।

[सूखी हँसी]

कुछ भी नहीं। दैट्स ओवर।

[चेहरे पर दर्द। होंठ चबाकर]

दैट्स ओवर, इट सीम्स।

बापू : कोई बात हो गयी होगी, इसलिए नहीं आ पायी होगी ...मैं पूछूँगा...इतना ही कि...कि क्यों नहीं आयी...ये तुम पूछ रही थीं...

सुमित्रा : क्या तुम मेरे दलाल हो? मुझे गरज नहीं है।

बापू : अच्छा।

सुमित्रा : या पूछो, चाहो तो। अपने सन्तोष की खातिर। मेरी

[जाती है]

बापू : *(दर्शकों से)* नमा देशमुख थी तो मेरे ही क्लास में, मगर उसके साथ बात करने का मौक़ा नहीं पड़ा था। ज़्यादा-से-ज़्यादा इतना ही कि पहचान वाली मुस्कुराहट की हलकी-सी झलक। ड्रामे के बाद से उसने सारे कालेज में 'ब्यूटी' की नामवरी हासिल की थी और तभी वह धरती से दो गज ऊपर तैरती हुई-सी चलती थी, जैसे स्टेज पर हो...मैंने उसे कामनरूम के बाहर जा पकड़ा।...

[नमा तैरती हुई चली जा रही है।]

बापू : मिस देशमुख...

[नमा रुकती नहीं।]

बापू : मिस देशमुख...

[नमा रुकती है। मुड़कर देखती है।]

बापू : जी मैं...मराठे। बात ये थी कि मेरी पहचान वाले कुछ लोग एक नाटक पेश करने का इरादा कर रहे हैं। उन्होंने पूछा है कि हिरोइन के रोल के लिए कोई मिलेगी क्या ...उन्होंने...

नमा : सॉरी। बाहर वाले नाटक में रोल करने की मुझे इजाज़त नहीं है।

बापू : अच्छा! कोई बात नहीं। मैंने उनसे कहा भी था कि मैं जानता तो नहीं हूँ, पर पूछ देखता हूँ। कल आप हमारे कमरे पर आने वाली थीं न?

नमा : *(भौहें चढ़ाकर)* मैं? आपके कमरे पर? मैं क्यों जाऊँगी?

बापू : वो...वो सुमित्रा देव जो हैं...कुछ कह रही थीं...आप और वो...मिलने वाली थीं...कल...

नमा : टाइम नहीं मिला...

[उसे सवाल अच्छा नहीं लगा है। जाती है।]

बापू : *(दर्शकों से)* नमा ने मुझे ऐसे झिड़क दिया। मुझे इसका खास बुरा तो नहीं लगा, लेकिन मीता के साथ उसका बरताव अच्छा नहीं लगा। उसने क्यों मीता का अपमान किया? क्या ये मीता की हालत जान गयी है? इतनी होशियार है भी? ऐसा तो नहीं हुआ कि मीता ने खुद अपने बारे में साफ़-साफ़ बताया हो? ऐसा लगता नहीं था। अब क्या करेगी मीता?

[पाण्डे आता है। कसरत शुरू कर देता है। नंगे बदन। बापू पुस्तक पढ़ता है।]

[मीता आती है। 'दरवाज़े' पर रुकती है। बापू का ध्यान जाता है।]

बापू : अरे! मीता?

[पाण्डे मुड़कर देखता है। देखते ही मन्त्रमुग्ध हो जाता है। सुमित्रा की निगाहें उसके नंगे बदन पर घूमती हैं। ज़रा होश में आते ही पाण्डे खरामा-खरामा तौलिया उठाकर बदन ढकता है। बापू असमंजस का अनुभव करता है।]

सुमित्रा : *(बापू से)* तुमसे ज़रूरी काम था। ज़रा इधर आओ।

[पाण्डे की आँखें सुमित्रा को पी रही हैं।]

बापू : अभी लो...

[भीतर जाकर पैजामा उतार कर पतलून पहन कर आता है।]

[पाण्डे और सुमित्रा। टब्लो।

मीता ऐसे खड़ी है जैसे पाण्डे की भूखी आँखों का ख़याल न हो।]

बापू : *(यह तमाशा देखकर, सुमित्रा से)* चलो...

[दोनों चले जाते हैं। पाण्डे देखता खड़ा है। फिर दूसरी ओर निकल जाता है। बापू और सुमित्रा भीतर से बाहर आकर अपस्टेज की ओर जाते हैं।]

सुमित्रा : कौन है ये?

बापू : पाण्डे। ड्रामा कमेटी का सेक्रेट्री। इसी ने पूछा था न तुमसे ड्रामे में रोल करने के लिए?... मेरा रूम पार्टनर है...

सुमित्रा : ओहो, वो पाण्डे...बदनज़र आदमी है। बेशर्म भी...मुझे नंगा झबरीला शरीर दिखा रहा था। छिः।
क्या कहा?

बापू : किसने?

सुमित्रा : किसने? नमा ने।

बापू : हाँ-हाँ...नमा...बोली कि...कुछ भी नहीं...बोली टाइम नहीं मिला...बोली ही नहीं असल में...कुछ भी...

सुमित्रा : *(दाँत चबाकर)* जानते हैं।

बापू : तुमसे कुछ बोली?

सुमित्रा : नहीं। मेरे सामने नहीं आती।

बापू : अजीब बात है। ऐसा क्यों करती है? मेनरलेस!

सुमित्रा : सब समझती हूँ। ऐसा करती है इसलिए कि वो है न उसका?...दलवी

बापू : मन्या दलवी?

सुमित्रा : हूँम। तो कैसे हाथ से जाने देगा उसको?

[बापू निस्तब्ध।]

सुमित्रा : वो उसे मेरे पास नहीं आने देगा।

बापू : *(ज़रा रुककर)* दोनों के बीच...इतना कुछ है?

सुमित्रा : रोज़ दोनों एक-दूसरे से मिलते हैं। ग्राउण्ड के पीछे वाली सड़क पर। अँधेरा छाने पर। उसने नमा को अँगूठे तले चाँप रक्खा है। सुना है, दोनों कम्प के एक होटल में भी जाया करते हैं।

बापू : मेरे ख़याल में अगर ऐसा है तो छोड़ो उसे, हटाओ। मरने दो।

सुमित्रा : नहीं। मैं उसे नहीं छोड़ सकती। तुम नहीं समझोगे। अगर मैं एक बार ठान लेती हूँ तो फिर पीछे नहीं हटती...

बापू : अपना ऐसा नहीं...

सुमित्रा : मेरा है। वो मुझसे कतराती है, लेकिन मैं उसे छोड़ूँगी नहीं। आई वांट हर! आज कामनरूम में दिखी। दूसरा कोई नहीं था। वो और मैं...आमने-सामने...मैंने पूछा, कलाई पकड़ के पूछा...तू मुझसे मिलेगी या नहीं...?

बापू : फिर?

सुमित्रा : पहले घबराई। फिर जैसे-तैसे बोली, हाथ छोड़ो। मैंने छोड़ दिया। तो भाग गयी।

बापू : तुम...तुमने जाने दिया।

सुमित्रा : मैं उससे प्यार करती हूँ। आई लव हर विद आल माई बीइंग, बापू! उस पर मेरा जी आ गया है। भुलाये नहीं भूलती।

[तड़पन]

मन्या दलवी मेरे रास्ते का रोड़ा है, मैं जानती हूँ।

[एकदम]

बापू, उससे कह दो...

बापू : क्या?

सुमित्रा : कुछ नहीं। उसे जो हासिल हो चुका है, वो भला क्यों छोड़ने चला है? वो भी अपनी जगह ठीक ही है।

[यकायक]

मैं जा रही हूँ।

बापू : मगर करोगी क्या?

सुमित्रा : पता नहीं।

बापू : कोई वैसी बात...

सुमित्रा : नहीं देखेंगे। मैं उसे हासिल किये बिना न रहूँगी, तुम देख लेना।

[जैसे रास्ता दिख गया हो]

अच्छा, एक काम है। करोगे?

बापू : करेंगे। क्या काम है?

सुमित्रा : *(आँखों में चमक)* दलवी की जानकारी इकट्ठा करो। पता लगाओ उसका कोई दूसरा लफड़ा है क्या...कोई लफड़ा...उसके घर में किसी का हो तो भी चलेगा...ज़रूरी नहीं कि सच्चा ही हो...

बापू : *(अनजाने)* ये मुझसे नहीं होगा मीता...

[बिदककर]

मुझे...मुझे आदत नहीं...

सुमित्रा : *(चिढ़कर)* आदत नईं! बैंगन का भुरता है तू! बैठे रहो हाथ पे हाथ धरे।

[जाती है।]

बापू : *(दर्शकों से)* नमा ने मीता को जिस चतुराई से काट दिया था, उसे लगता था कि नमा को मीता का एहसास हो चला था; पर क्या पता?

[पाण्डे आता है। नशे में डूबा हुआ मगर समझ का यम।]

पाण्डे : बपुए साले, तू मेरा बाप...तेरे चरन छूते हैंगे, नाक रगड़ते हैंगे, झख मारने को बोलो, मारते हैंगे!

[झुककर पाँव छूना चाहता है।]

बापू : अरे-अरे...

[उसे रोकने की कोशिश करता है।]

पाण्डे : हमें मीता से मिलवाय दे।

बापू : पाण्डे, तुम्हीं कह रहे थे कि मैं डायरेक्टली...

पाण्डे : वोई त नईं होय पा रहा हैगा भइए। नईं तो तेरे पाँव पड़ने कायको आते, बोल?

बापू : तुमसे नहीं हो पा रहा है?

पाण्डे : नईं होय पा रा हैंगा न! नईं होता हैगा विश्वास? पै सच हैगा। डरामे की बात थी तो भिड़ गये जाके। यां तो अपनई बात हैगी साली, सो यूँ खिसक रई हैगी। सामना होतेई होश फाख्ता साला। मूँ पै ताला। सीने के भीतर सड़क कूटने वाला इंजन धड़धड़ाता हैगा...

बापू : *(साहस करके)* पाण्डे, जो हो रहा है, एक हिसाब से ठीक ही हो रहा है असल में।

पाण्डे : का ठीक होय रा हैगा साब?

बापू : अच्छा होगा अगर तुम उसके जंजाल से बचो।

पाण्डे : बचो? बाप मेरे, बचने का ठौरी कां रहा? औ बाकी बचई क्या? न साले जीते बने, न मरते। बपुए, अपने खाते में आफती आफत हैगी...

बापू : *(कोशिश करके)* मीता...वैसी...याने तुम सोते होगे वैसी नहीं है...ये मालूम होने के बाद भी?...

पाण्डे : हाँ! अपन अपने को साले समझाय रहे हैंगे कि कुछ भी होय, हैगी तो मादाई एक। जो दीगर मादाओं में, सो इसमें। का खास-खास चिपका हैगा इसमें मइयों का? पै मन हैगा, नईं मानता साला! मीता होना हमको, बस्स! तेरे को का मालुम मुन्ने, सपने में वई दिखती हैगी। किताब में, कापी में, बिलैक-बोर्ड पै, जिमनासियम में, सलीमा के परदे पै...सभी जगै वोई वो दिखती हैगी, मरदाना भेस में। चलने में हमार जिगर चाक करती हुई। सीना फुलाय के कमर पै मरदाना हाथ टिकाये, आँखों की दुनाली से हमारा शिकार खेलती हुई। इसी वास्ते अपन पियेंगे...दुनिया भर की पी जायेंगे। पीने के बादी जरा-जरा धुमैली होती हैगी...

[लड़खड़ाता हुआ भीतर जाता है।]

बापू : *(दर्शकों से)* एक बार लगा कि पाण्डे को सब कुछ बता दूँ लेकिन हिम्मत नहीं हो पाती थी। क्योंकि तब कसम टूट जायेगी। मीता का राज़ सब ओर फैल जायेगा। ये दग़ाबाज़ी कहलायेगी। ...पाण्डे रोज़ पीकर आता था। हाथ जोड़ता, पाँव पड़ता था। कहता था, मीता से मिलवा दे। मीता मुझे दिख जाती थी...बराएनाम। सच तो यह था कि पढ़ाई का ख़याल मुझे खाये जा रहा था, और पढ़ाई हो न पाती थी। एक दिन मैं कालेज की लाइब्रेरी में किताब सामने खोलकर बैठा था कि इतने में...

[दलवी आकर बापू को ढूँढ़ता है।]

दलवी : *(बापू के पास जाकर)* हैलो बापू!

बापू : *(उसे सहज भाव से देखकर)* हैलो!

दलवी : बाहर चलते हो?

बापू : क्यों? यहीं ठीक है।

दलवी : चल भी यार। फिर आके बैठना।

बापू : कौन बार-बार आये-जाये!

दलवी : चाय पीयेंगे अच्छा। चलो...

बापू : रहने दो।

दलवी : *(उसके करीब आकर)* आई हैव सम वर्क विद यू बापू!

बापू : मैं? मुझसे? दलवी, तुम...

दलवी : *(गम्भीरता से)* याः!

[उसकी बाँह हौले से पकड़कर]

चल न। क्या पाँव पुजवाता है।

[बलपूर्वक उठाते हुए]

चलो यार...

[बापू से प्रतिषेध नहीं करते बनता। दोनों बाहर आते हैं।]

दलवी : *(अपनी कॉपी और कलम देकर)* ये लो, थामो।

[बापू दोनों चीजें लेता है।]

दलवी : लिखो।

बापू : क्या?

दलवी : कुछ भी।

बापू : कुछ भी क्या? ...और किसलिए?

दलवी : हम कहते हैं इसलिए। ...मैं बोलता हूँ, तुम लिखो!

बापू : अच्छा बोलो।

दलवी : लिखो! 'ये नहीं मालूम था कि तुम्हें यह खत लिखना पड़ेगा।'

बापू : तुम्हें यानी किसे? है क्या ये?

दलवी : लिखता है या नहीं?

[ज़रा बाँह उठाता है।]

लिखो पहले...मुझे चाहिए...'ये नहीं मालूम था कि तुम्हें यह खत लिखना पड़ेगा।'

बापू : तुम्हीं क्यों नहीं लिखते?

दलवी : मेरा हाथ दुखता है। लिखो 'रहा नहीं जाता, इसलिए लिखा है।' लिखो।

[बापू जबरन लिखना शुरू करता है।]

दलवी : 'तुम्हें वार्निंग देने के लिए कुछ बातें लिखनी पड़ रही हैं।' लिखते क्यों नहीं हो?

[बापू अनिच्छा से लिखता है।]

दलवी : 'जिस शैतान ने तुमसे मेल-जोल बढ़ाया है...'

बापू : *(रुककर)* ये माजरा क्या है? ये सब मैं नहीं लिखता।

दलवी : दस्खत कर। दस्खत... 'एक हितैषी—एक्स'।

बापू : दलवी, ये है क्या? मुझे अगर सारी बात नहीं बताओगे तो ज़रा भी नहीं लिखूँगा।

दलवी : बड़ा भोला बनता है!

बापू : तुम्हारा दिमाग़ ख़राब हो गया है?

दलवी : *(कॉपी और कलम छीनकर)* होने को है।

बापू : आखिर है क्या?

दलवी : अहा! जैसे आपको पता ही न हो!

[हस्ताक्षर देखता है। जेब में से एक पुर्ज़ा बाहर निकालता है और बारी-बारी से देखता है। जेब में से एक पुर्ज़ा हिफाज़त से जेब में रख लेता है।]

बापू : बताओ भई, क्या मामला है?

[दलवी पुर्ज़ा उसे थमाता है।]

बापू : *(पढ़ता है)* 'नमिता बहन, संप्रेम नमस्कार'...

[रुक कर]

ये चिट्ठी है।

दलवी : पढ़ो। आगे पढ़ो।

बापू : दूसरे का प्राइवेट लेटर...

दलवी : प्राइवेट की ऐसी-तैसी। पढ़ो।

बापू : *(पढ़ता है। एकाएक)* ये तुम्हारे बारे में है।

[पढ़कर]

मुझे नहीं पढ़ना! लो।

[लौटाता है।]

दलवी : ये तूने नहीं लिखा? साफ़-साफ़ बोल।

बापू : मैंने? ये ऐसा खत? तुमने सोचा ही कैसे कि मैंने लिक्खा है?

दलवी : लगातार ऐसे खत आ रहे हैं उसके नाम, नमा के। और उसके पिता के भी। 'एक्स' के दस्तखत से। झूठी-झूठी बात लिखी होती हैं। लिखने वाले की जूतों से खबर लेनी चाहिए, हरामी...

[बापू को सन्देह से देखता है।]

बापू : ज़रूर लेनी चाहिए। 'मगर मुझे क्यों सुना रहे हो?'

दलवी : *(बापू का लिखा मज़मून और पुर्ज़ा बापू को दिखा कर)* तुझे क्या दिखाई पड़ता है?

बापू : *(घबराकर)* कुछ नहीं।

दलवी : ठीक से देख।

बापू : सच! कुछ भी नहीं।

दलवी : *(ज्वालामुखी फूटता है)* स्साले, हरामी... दोनों का हैंड राइटिंग मिलता-जुलता नहीं टिपता तुझे?

बापू : मगर...

दलवी : *(गरदन पकड़कर)* तू ऐसे खत लिखता है!

[बापू सुन्न!]

दलवी : तू लिखता है स्साले, तू, और अनजान बनता है?

[दो घूँसे जड़ देता है।]

[बापू ज़मींदोज़। पिटने की अपेक्षा शर्म से]

दलवी : आइन्दा ऐसा खत लिखा तो साले खून पी जाऊँगा... नामरद स्साला!

[चला जाता है।]

[बापू कराहता हुआ उठता है। रूमाल निकालकर होंठ से टपकता लहू पोंछता है। रूमाल देखता है। रुआँसा हो जाता है।
रंज से उबरता है। विचारों में डूब जाता है। बहुत क्षुब्ध है। बैठा रहता है।
सुमित्रा आती है।]

सुमित्रा : हैलो बापू! क्या आजकल बाक्सिंग सीख रहे हो? ज़रा सूरत पै गौर कीजै, एकदम पकौड़ा हो रही है। गिर-विर पड़े थे? या किसी ने मारा हमारे 'मुन्ने' को?

बापू : *(शान्तिपूर्वक सुनकर)* मेरी नोट्स वाली कापी कहाँ है? ...तुमने बिना बताए क्यों ली थी?

सुमित्रा : मैंने ली थी? मैं क्यों लूँ? मेरे किस काम की?

बापू : कसम खा के कहो। मेरी ही कसम खाके कहो।

सुमित्रा : *(ज़ाहिर हो जाता है कि झूठ बोल रही है।)* खा सकते हैं।

बापू : खाके कहो।

सुमित्रा : कसम-असम पे मैं विश्वास नहीं करती।

बापू : मैं तो करता हूँ।

सुमित्रा : मैं जो कह रही हूँ, तुम उसका विश्वास नहीं करते?

बापू : करता था। अब नहीं करता। ...मीता...तुम जो काम कर रही हो वह बहुत बुरा है। बहुत-बहुत बुरा है।

सुमित्रा : *(परेशानी से)* क्या? कौन-सा काम? साफ़-साफ़ क्यों नहीं कहते...

बापू : तुमने नमा को गुमनाम चिट्ठियाँ नहीं लिक्खीं? मेरी कमस खाओ और कहो...

सुमित्रा : *(उसके स्वर का अनपेक्षित आवेश जानकर ज़रा देर चुप लगा जाती है। फिर)* लिखी होंगी। तुमसे मतलब?

बापू : तुम्हें नहीं लिखनी चाहिए। ये काम मत करो।

सुमित्रा : क्यों? क्यों मत करो?

बापू : वो पाप है। किसी को किसी के खिलाफ झूठमूठ बहकाना...वो भी गुमनाम खत लिख के...

सुमित्रा : *(सिर झुकाकर उग्र स्वर में)* वो मेरा निजी मामला है। मुझपै पाप पड़ेगा, यही है न? पड़ने दो...पाप तभी पड़ेगा न जब मैंने लिखी हों?

बापू : *(नींव धसक जाने पर शब्द नहीं मिलता।)* छी छी छी! कितनी गन्दी बातें लिखी थीं...

सुमित्रा : *(तीव्रता से)* तुमने कहाँ से पढ़ीं?

बापू : दलवी ने दिखाई थीं...

सुमित्रा : (ज़रा डगमगाता स्वर) तुम्हें दिखाने की क्या ज़रूरत?

बापू : हैंडराइटिंग मेरे हैंडराइटिंग से मिलता था?

[अप्रत्याशित भाव से उसकी आँखों में झाँकता है। वह दूसरी ओर देखती है।]

सुमित्रा : उसने मारा क्या तुम्हें?

बापू : वो जाने दो...मुझे वचन दो कि दुबारा ऐसा काम नहीं करोगी! दो न!

सुमित्रा : कोई झूठ थोड़े ही लिखा था।

बापू : मगर उसके शब्द...

सुमित्रा : तो क्या ऐसे खत विनोबा के शब्दों में लिखे जाते हैं?

बापू : और हैंडराइटिंग? वो क्यों मेरे जैसा...

सुमित्रा : आगे से नहीं होगा।

बापू : मीता, तुम्हारा ऐसा बर्ताव मुझे रास नहीं आता। तुम्हें ऐसा नहीं होना चाहिए...

सुमित्रा : ऐसी ही रहूँ तो दोस्ती ख़त्म, यही कहना चाहते हो न? तो सुनो, खत मैंने ही लिखे। राइटिंग जान-बूझकर तुम्हारे जैसा बनाया। तुम्हारे यहाँ वाले डाकखाने में भी मैंने ही डाले।

बापू : क्यों?

सुमित्रा : क्योंकि मैं ऐसी हूँ? मैं बहुत बुरी हूँ। कभी कहा मैंने तुमसे कि मैं दूध की धोई हूँ? तुम खुद ही समझने से इनकार करो तो मैं क्या कर सकती हूँ। मैं नमा को उसके अँगूठे तले से हटी हुई देखना चाहती हूँ। जैसे चाहे हो। नमा मुझे चाहिए, पूरी तरह, समझ गये? जाओ तुम। न मिलना चाहे आगे से। चलेगा मुझे।

[बापू से जाते नहीं बनता।]

सुमित्रा : जाते क्यों नहीं? किसने पकड़ रखा है? ...इतना बुरा लगता है तो मान लेती हूँ कि मुझे तुम्हारे जैसा राइटिंग नहीं बनाना चाहिए था। लेकिन अब तो वो मुझसे हो चुका। ...मैं अपनी भी नहीं रह जाती हूँ तब। इतना ही समझ पड़ता है कि मुझे वो अमुक चीज़ चाहिए। दलवी

उसे मुझसे छीनने पै तुला है। जब तक वो रहेगा वो मुझे वैसे हासिल होने वाली नहीं, याने पूरी तरह। मैं इसलिए दलवी को हटा के रहूँगी।

बापू : खतों की वजह से हट जायेगा? गुमनाम खतों की?

सुमित्रा : मैं नहीं जानती।

[रुक कर]

तुमसे क्या कहा उसने?

बापू : *(पिटना याद करके)* आइन्दा ऐसा खत लिखा तो खून पी जाऊँगा, कहा था।

[सुमित्रा ठहाका मार कर हँसती है। हँसती जाती है।]

बापू : क्यों?

सुमित्रा : बापुरा! बापू बापुरा!

बापू : तुम हर चीज़ लाइटली मत लो मीता! ये सब बहुत सीरियस है।

सुमित्रा : अच्छा तुम्हीं बताओ, मैं क्या करूँ। बताओ न। मैं सीरियसली पूछ रही हूँ। मुझे नमा चाहिए। बताओ, कैसे मिलेगी?

बापू : मैं नहीं जानता। तुम्हीं समझो।

सुमित्रा : मुझे ही समझना है तो मुझी को उपदेश क्यों पिला रहे हो? नहीं जानते हो तो चुप रहो।

[जैसे रहम दिखा कर]

आगे कभी दलवी पूछे तो साफ़ इनकार कर देना। कह देना मुझे कुछ नहीं मालूम! ...ऐसे भी, तुम कहाँ लिख रहे हो...

[क्षण भर बाद]

मैं भी राइटिंग बदल दूँगी। डरो मत!

बापू : अगर उसे मालूम हो जाये कि तुम्हीं ने लिखी हैं तो?

सुमित्रा : *(पहले मौन, फिर उत्साहपूर्वक)* मालूम ही कैसे हो पायेगा? और हो जाये तो देखा जायेगा। मैं तेरे जैसी पिलपिली नहीं हूँ। आई नो व्हाट आयस् डूइंग।

बापू : दलवी नम्बरी शोहदा है।

सुमित्रा : मुझे डराने की कोशिश मत करो। मैं मौत के द्वारे से लौट आयी हूँ! यू नो दैट।

बापू : *(सहमत नहीं हो पाता, फिर भी)* ठीक है। सँभल के रहना।

सुमित्रा : अरे छोड़!

[उसकी पीठ पर धौल जमाती है।]

तुम्ही सँभल के रहना। बायू...

[जाती है।]

बापू : *(दर्शकों से)* वह चली गयी, लेकिन मैं डर गया था। साफ़ था कि वह मानेगी नहीं। मैंने अपने को तरह-तरह से समझाया। जो करे सो भरे। मैं कहाँ तक पूरा पड़ सकता हूँ? होता रहे जो होना हो सो। और फिर भी मुझे राहत नहीं थी। पाण्डे भी कई दिनों से बार-बार पी-पिला कर आता था। एक बार तो कमरे पर एक औरत को ले आया था। उस किसम की दिखती नहीं थी, शायद हो भी। उसे पाण्डे मीता कह रहा था। मैं उठा और पार्क में जा बैठा। बहुत देर करके लौटा तो देखा कि पाण्डे तड़प रहा है। वह नहीं थी। बोला, भगा दिया। वो मीता नहीं है। मुझे पाण्डे पर बेहद तरस आया। लेकिन ज़रा भी हिम्मत नहीं कर पाता था मैं कि पाण्डे को सच-सच बता दूँ। आखिर फैसला किया कि बता ही दूँगा। वो भी तो जाने। अगर अफ़वाहें फैलेंगी तो मीता को कहाँ परवाह है। जो रिस्क मीता उठा रही थी, उसके हिसाब से यह कुछ भी नहीं था।

[पाण्डे आकर बैठ जाता है।]

बापू : पाण्डे, आई वांट टु टाक टु यू। हार्ट टु हार्ट टाक करना है।

पाण्डे : मेरे पास मेरउ हार्ट हैगा इ नईं।

बापू : हार्ट माने तुम...तुमसे कुछ कहना है। बहुत ज़रूरी है। मगर पहले वचन दो किसी को नहीं बताओगे।

पाण्डे : पहले बताओ, वचन बाद में देंगे।

बापू : मीता सब्नॉर्मल है।

पाण्डे : मतलब?

बापू : मतलब ये कि—कि वो अलग है। वो 'होमो' है, 'होमो' याने उसे लड़की की ज़रूरत रहती है।

पाण्डे : रैन्दे यार! मेरे को चूतिया मती बना।

बापू : बाई गॉड...माँ कसम...तेरी कसम पाण्डे।

पाण्डे : तू...तूने देखा हैगा?

बापू : मैं बता रहा हूँ, मेरा विश्वास करो। पाण्डे, प्लीज तुम उसका ख़याल छोड़ दो। अब भी छोड़ दो।

[पाण्डे को चुप देखकर]

सुन रहे हो न?

[पाण्डे अब भी चुप है।]

मेरी कहा नहीं मानोगे?

[पाण्डे अभी भी चुप है।]

मैं तुमसे झूठ नहीं बोलता, पाण्डे मेरा विश्वास करो।

[कुछ देर तक चुप बैठे रहने के बाद पाण्डे उठ कर चल देता है।]

बापू : पाण्डे! ...पाण्डे चला गया। यूरोप, अफ्रीका कहीं लड़ाई छिड़ चुकी थी। पाण्डे ने फटाफट कमीशन हासिल किया और सीधे फ्रण्ट पर जा पहुँचा। जाते समय भी उसने मीता के बारे में कुछ नहीं पूछा। बोला, बपुए, जिएँगे तो मिलेंगे। पर भरोसा नहीं। मीता अब मेरे कमरे पर खुले आम आती थी। कभी-कभी नमा को साथ ले आती थी। दोनों एक-दूसरे के संग होती थीं तो नमा इतनी खुश दिखाई पड़ती थी, मानो दलवी नाम का कोई तीसरा आदमी है ही नहीं।

[सुमित्रा और नमा आती हैं। दोनों खुश हैं। 'शॉप टॉक' जारी है। हँसी-मज़ाक़। उनकी रिलेशनशिप बोलचाल से ज़ाहिर हो जाती है।

बापू चला जाता है।

सुमित्रा और नमा कमरे में अकेली हैं।

दलवी आता है। दरवाज़ा खटखटाता है।

नमा घबरा उठी है। छिपना चाहती है।

सुमित्रा पूरी तरह कान्फिडेण्ट। श्वापद की भाँति

चौकन्नी। नमा से कहती है, छिपने की गरज़ नहीं। जाकर दरवाज़ा खोलती है। अब सुमित्रा और दलवी आमने-सामने। सुमित्रा कम्पोज़्ड, फिर भी ज़रा अवसन्न। दलवी ऐसा जैसे शिकारी।]

दलवी : नमा कहाँ है?

[नमा को देखकर।]

जानता था।

[सुमित्रा को अंगार जैसी आँखों से देख कर नमा से।]

चलो यहाँ से।

[उसकी आवाज़ और सुमित्रा की निगाहों से पल भर परलाइज्ड नमा।]

क्या कह रहे हैं? गेट गोइंग यू!

[नमा अब धीरे से सरकती है। एक तरह से दलवी के कव्हर में जाकर खड़ी हो जाती है। दलवी अब सुमित्रा से]

यू ब्लडी लेस्बियन बिचू,...आइल किल यू! तुझे शरम नहीं आती?

[बहुत कुछ सुनाना चाहता है मगर मारे गुस्से के मुँह से शब्द नहीं निकलता!]

यहाँ ये धन्धा करती है?

[नमा से]

कम! वी आर लीविंग।

[सुमित्रा से]

तू आइन्दा इसे ला तो सही यहाँ, दिखाता हूँ! आइल क्रश यू, यू डेविल, आइल...आइल टिअर यू टु पीसेज़! आई टेल यू। सड़क पे नंगी करके मारूँगा तुझे, हरामज़ादी, क्या समझती है!

[सुमित्रा कम्पोज़्ड पर चौकन्ना। आँखें हिंस्र श्वापद-सी।]

इलवी : (नमा से) चल!

[दोनों चले जाते हैं।

सुमित्रा कुछ देर खड़ी रहती है। फिर अपमान की आग में झुलसकर हिंस्र हो उठती है। आसपास रखी चीज़ों की उठा-पटक करती। एक कपड़ा चीर देती है। फिर भी हलका महसूस नहीं करती तो सिर दीवार से या चारपाई की पाटी से दे मारती है। विकराल बनी पूरे कमरे के चक्कर लगाती है। पड़ी रहती है, व्याकुल।

बापू आता है।]

बापू : *(कमरे का जायज़ा लेकर व सुमित्रा की ओर बढ़ कर रुक जाता है। निर्णय नहीं कर पाता कि नज़दीक जाये या न जाये!)* मीता...

[कोई जवाब न पाकर]

मीता...

[घबरा जाता है। ठीक है न? गला साफ करके]

मीता...

[सुमित्रा की हलकी-सी हरकत से बापू किंचित विश्वस्त कि ठीक है।]

बापू : मीता, मैं, बापू...

सुमित्रा : *(अपनी जगह से)* क्या है?

बापू : *(ज़रा करीब पहुँचकर)* क्या हुआ मीता?

सुमित्रा : कुछ नहीं।

[उठती है। कपड़े ठीक करती है।]

आओ...दरअसल ये कमरा तुम्हारा, मैं बिना मतलब...

[अपनी कारीगरी देख कर]

सॉरी! ये मुझसे...

[सामान तरतीबवार लगाना शुरू करती है।]

बापू : *(हाथ बँटाते हुए)* रहने दो तुम! मैं कर लूँगा।

[सुमित्रा रुक जाती है। बैठ जाती है। सिगरेट जला कर देखती रहती है। दो एक कश लगाने के बाद चैतन्य अनुभव करती है।]

बापू : क्या हुआ?

सुमित्रा : होना क्या था! वो आया था।

बापू : कौन, दलवी?

सुमित्रा : हाँ, वही।

बापू : फिर?

सुमित्रा : नमा को अपने साथ ले गया।

बापू : *(कोई बात नहीं सूझती इसलिए।)* अच्छा!

सुमित्रा : वह चली गयी। सीधी उसके साथ चलती बनी वह। उसके साथ। दि बिच्! पुचकारते ही दौड़ी-दौड़ी गयी तलुए चाटने। मुझे घिन आती है! आई हेट हर! अरे, कुछ तो हो आदमी में?

बापू : *(रुक कर)* फिर?

सुमित्रा : फिर क्या! फिर एक बार बिस्मिल्लाह!...

बापू : कभी-न-कभी उसे पता चलना ही थी। लगता था, ज़मीन-आसमान एक कर देगा। है तो आखिर गुण्डा ही!

सुमित्रा : मेरा क्या बिगाड़ लेगा। मैं भी मीता हूँ।

बापू : अब भी मानोगी मेरा कहा?

सुमित्रा : हाँ जी बापू जी, कहिए जी!

[ठहाका मारकर हँसती है।]

परमपूज्य बापू जी!

[हँसना जारी है। रुक कर सिर पकड़ती है।]

सॉरी! क्या कह रहे थे?

बापू : जाने दो। मेरा हक नहीं है...होशियार भी नहीं हूँ...मेरे पास अगर कुछ है तो ये कमरा है...बस्स!

सुमित्रा : तू बहुत टची है बापू! अच्छा तू बोल, मैं सुन रही हूँ। सीरियसली।

बापू : मैं जो कहूँगा वो तुम जानती हो।

सुमित्रा : आखिर वो है क्या?

बापू : मीता, ये रास्ता छोड़ दो। नमा को भूल जाओ। ये सब गलत है। गन्दा है।

सुमित्रा : *(ठहाका मारकर हँसती है। रुककर)* मैं सोचूँगी बापू।

बापू : अच्छा होगा, अगर सोचो। ऐसे तुम्हें हमेशा अच्छा ही पाया है मीता। मज़ाक़ नहीं करता। अगर तुम ठान लोगी तो ज़िन्दगी में...

[उसके होंठों पर आती हँसी भाँप कर]

जाने दो। मैं ऐसे भी समझता ही क्या हूँ।

सुमित्रा : बापू, नमा को छोड़ देने की बात भूलकर कुछ भी कहो...

बापू : वो तुम्हें अब कैसे हासिल हो सकती है?

सुमित्रा : वो काम मेरे जिम्मे। बगैर उसके जीने का कोई मतलब।

बापू : दूसरी और लड़की क्यों नहीं...

सुमित्रा : *(उग्रता से)* नहीं! नमा, सिर्फ़ नमा! दूसरी कोई नहीं। नहीं है।

बापू : *(स्वर की दृढ़ता से सुन्न रह कर)* ठीक है...काफी बनाऊँ!

सुमित्रा : नो थैंक्स!

[उठ देती है।]

सॉरी अगेन फार ऑल दैट! मैं तुम्हें नया बेडकवर दूँगी, तुम मना नहीं करोगे। अच्छा...

[चली जाती है।

बापू विचारों में खो जाता है।

फिर अपस्टेज की ओर बढ़ता है।]

बापू : *(दर्शकों से)* कहाँ से आता है आदमी में ज़िद्दीपन? लोग क्यों असम्भव के पीछे पड़ जाते हैं? ज़िद ठान लेते हैं? दुख की लीक पर चलने की ज़िद पर उतरे लोग...क्या किया जाये इनका? कुछ भी न किया जाये...इसी में समझदारी है। पर जब वह भी न दिखाते बने, तब?...

[नमा आती है। शिष्ट समाजोचित वेशभूषा में।

बापू विस्मित नमा अकेली आयी है।]

बापू : मिस देशमुख? आप?

नमा : मुझे आपसे कुछ पूछना था।

बापू : *(गड़बड़ा कर)* जी? बैठिये न...

नमा : *(चारों ओर की परिचित वस्तुएँ देखकर)* नहीं, बैठूँगी नहीं। जल्दी जाना है।

[निर्णय नहीं कर पाती कि क्या कहे?]

बापू : नहीं-नहीं! ज़रा वो दरवाज़ा लगा देंगे प्लीज़? या रहने ही दीजिए।

[सायास]

मीता से मुलाकात होती है?

बापू : जी!

नमा : कब हुई थी?

बापू : कोई एक हफ़्ता पहले, हफ़्ता भी कहाँ, यही छह रोज़ पहले।

नमा : कैसी है?

बापू : ठीक है। याने कुल हालात को देखते हुए...क्यों?

नमा : कुछ नहीं...

बापू : आप कैसी हैं?

नमा : मैं? मुझे क्या हुआ है...अच्छा, एक सन्देसा देंगे, मीता को?

बापू : जी! मेरा वही तो काम है। सन्देसा देना, कमरा देना...

नमा : *(हाथ खींच लेने के भाव से)* सॉरी। अगर मुमकिन नहीं तो जाने दीजिए।

बापू : मुमकिन है। इसीलिए कहा।

नमा : मीता से इतना ही कहिए कि...कोई इलाज न था...

बापू : किसका? ...ख़ैर, कह दूँगा।

नमा : कह दीजिए कि मुझे भी वह अच्छा नहीं लगा, पर कोई इलाज न था।

बापू : जी, नहीं था।

नमा : कहिए कि खफा न हो या फिर...

[हकला कर]

या ऐसा कीजिए कि मीता को...मीता को कल यहाँ मिलने को कह देंगे?

बापू : कल?

नमा : जी कल। दोपहर में डेढ़-दो के बीच। नहीं, दो बजे। दो बजे ठीक रहेगा। ऐसे मेरी राह न देखे। आते बना तो आऊँगी, पर बहुत करके आऊँगी। नहीं आ पायी तो दुबारा सन्देसा भिजवाऊँगी, कहिये। दो के बाद राह न देखे। दो तक नहीं आ पायी तो समझ ले कि नहीं आ रही हूँ।

बापू : जी!

नमा : पर मैं आ ही जाऊँगी, कह दीजिए। तो फिर चलती हूँ ...कोई आये या पूछे तो मैं...मैं यहाँ आयी थी, ये न बताइयेगा...

बापू : एक बात बताएँगी?

नमा : जी? कुछ कहा आपने?

बापू : नहीं। कहने वाला था।

नमा : क्या?

बापू : जाने दीजिए।

नमा : *(रुक-रुक कर)* पूछिये न।

बापू : नहीं! कुछ भी नहीं पूछना था। आप...आप दरअसल किस पार्टी में शामिल हैं?

नमा : जी, पार्टी?

बापू : जी। मीता की या दलवी की? पर मैं ऐसे ही कह रहा हूँ। बहरहाल, आपका सन्देसा दे दूँगा।

नमा : जी...मीता मुझे अच्छी लगती है...याने सहेली के रिश्ते से...मुझे...मुझे उसकी बहुत-सी बातें भाती हैं...पर मनोहर दलवी की बात और है...याने कि कोई बराबरी ही नहीं है। मेरा कहना ये कि...मुझसे समझाते नहीं बनता...मुझे ...सच तो ये कि कुछ समझ ही नहीं पड़ता...मैं चली...

[जाती है। उसे पहुँचाने के लिए बापू दरवाज़े तक जाता है। लौटता है।]

बापू : *(दर्शकों से)* ध्यान में आया है कि आम तौर पर ख़ूबसूरत दिखाई पड़ने वाली नमा की नाक कुल चेहरे के लिहाज से लम्बोतरी है, और उसे नाखून कुतरने की आदत है। स्पष्ट था कि नमा मीता और दलवी नामक दो किनारों से घिरे पोखर में गोते खा रही है। मेरा काम था सन्देसी का और मैंने उसे निभाया। दलवी के अनजाने मीता और नमा का मिलना-जुलना शुरू हो गया था। मैं बाहर ताला लगाकर चल देता और नियत समय पर कमरा खोल देता था। पाण्डे की एक चिट्ठी आयी थी। 'इटली में कहीं' पते से लिखी थी। वहाँ भी बेचारा दुखी था। जंग के

तजरबे से टूट-सा गया था। मगर मीता के बारे में एक हरुफ तक नहीं लिखा था। अन्त में लिखा था : 'यार, जियेंगे तो मिलेंगे। तब तलक खाना-पीना क्रॉस-क्रॉस क्रॉस। जिनगानी मौज में बिताना। फिर दस्खत। तुम्हारा गार्जियन, पाण्डे गुरु।...

तमाशा यह कि नमा कभी-कभार दलवी के संग दिखाई पड़ जाती थी, लेकिन तब पहचान नहीं दिखाती थी। ज़रूर दुचित्ता व्यौहार बहुत मुश्किल रहा होगा...क्यों ऐसा जीना जीते हैं लोग? क्यों नहीं नमा एकबारगी पक्का फ़ैसला करती? दलवी में ऐसी क्या ख़राबी है? नमा के एक तरफ़ दलवी और दूसरी तरफ़ मीता से चोरी-छिपे मिलना-मिलाना...ये तरह-तरह के खाने पालते हुए जीना, आखिर किस लिए? मेरे लिए वह पहेली थी। और एक दिन वह और भी उलझ गयी।

मैंने कमरे का दरवाज़ा खोला ही था और पहले की निशानियाँ समेट रहा था...सिगरेट के टुंडे, फूलों की पंखुड़ियाँ वगैरा कि...

[दलवी आता है।]

दलवी : हैलो बापू!

बापू : *(देखकर संकोच से)* हैं...हैलो!

दलवी : करी ऑन, करी ऑन...हम ऐसे ही चले आये...

बापू : ज़रा कमरा लगा रहा था...बहुत बेतरतीब हो गया है...

दलवी : लंगोटबन्दों का अखाड़ा ठहरा आखिर! वाज़िब किराये पर देते हो न कमरा? ज़रूरतमन्दों को?

बापू : *(तेज़ी से)* नहीं।

दलवी : ज़रा प्रॉब्लम है यार अपना।

बापू : अच्छा?

दलवी : हमारा पहले वाला इन्तज़ाम टॉय-टॉय फिस्स हो गया यार?

बापू : इन्तज़ाम!

दलवी : इन्तज़ाम और काय का? यू नो। नमा और मेरे वाला

इन्तज़ाम! होटल साला ऐसे ही खर्चीला और रिस्क डबल-ट्रिपल। कोई देख-दाख ले तो साली मुसीबत!

बापू : अच्छा!

[कमरा लगाना जारी है]

दलवी : एक आइडिया है प्यारे भाई, वाइ नाट यू? ये कमरा क्या बुरा है?

[बापू चकित, पर दिखाता नहीं, यह भाँप कर]

दोस्ती के नाते फोकटिया नहीं चाहिए। यू कैन कोट योर रेट। तुम्हारा कमरा हम ज़रा भी डिस्टर्ब नहीं करेंगे। जैसा-का-तैसा वापिस। हाऊ डू यू लाइक दि आइडिया?

[बापू अवाक्]

दलवी : वो पुरानी बातें अब ज़ेहन से हटा दे भाई। गलती तुम्हारी थी ही नहीं। मैंने बेकार मारा-पीटी की। आई एपालाजाइज़, रिअली...तो फिर? कौन-सी तारीख से मन्थ शुरू करें?

बापू : (प्रयास सहित) देखो दलवी, मुझे मकान-मालिक से पूछना पड़ेगा...

दलवी : मालिक से? मालिक का इससे क्या वास्ता?

बापू : वास्ता...उसे अच्छा नहीं लगता...

दलवी : उससे पूछतई कौन है! कमरा तुम्हारा है। यू आर पेइंग फॉर इट! डोण्ट बादर। मालिक से मैं निबट लूँगा बोलो, बुध और शनी की दोपहर तुम्हारे लिए कन्वोनिएन्ट है क्या?

बापू : *(हीले-हवाले करके)* बात ये है दलवी...कि मेरे फादर आने वाले हैं...यहाँ...

[जान बची]

दलवी : फादर? कब आने वाले हैं?

बापू : कभी भी। चिट्ठी आयी है कि आ रहे हैं।

दलवी : कै दिन रहेंगे?

बापू : ये कैसे कह सकते हैं?

दलवी : आखिर दोपहरी में बाहर तो जायेंगे—या नहीं?

बापू : अभी से क्या कहूँ?

दलवी : जायेंगे ही। बहुत बूढ़े हैं क्या? परैलिसिस वगैरा तो नहीं न? फिर कोई बात ही नहीं। हम लोग सुभीते से जमाएँगे। लो सिगरेट पियो।

बापू : नहीं। मैं नहीं पीता।

दलवी : कमरे भर में टुंडे फैला रखे हैं।

बापू : कहाँ, हाँ-हाँ मित्र आया था...कल।

दलवी : मीता?

बापू : नहीं। मित्र। फ्रेंड। गरवारे नाम का।

दलवी : अकेलई था या...

बापू : अक्...अकेलई...

दलवी : तो मुश्किल है, ऊँ? ऑल राइट! ...मैं फिर कभी आऊँगा। मगर ध्यान में रखना, पहला क्लेम मेरा! बहुत अड़चन में हूँ यार...बाई-बाई...

[जाता है।]

बापू : यह नयी अड़चन थी। किसी से कहा भी नहीं जा सकता। आखिर पाण्डे को लिख भेजा, जो भी दिमाग़ में आया, सब। पाण्डे में समझ नाम की चीज़ ज़्यादा नहीं थी, लेकिन आदमी दरियादिल था, अच्छा दोस्त था। चिट्ठी में सब उगल दिया, जी हलका हुआ। मगर उलझन बाकी थी। मीता से बात करना ज़रूरी था, दूसरा रास्ता नहीं था...

[सुमित्रा साइकिल टिकाकर आती है]

सुमित्रा : *(खुश-खुश)* हं! क्या बात है। ऐसे दिख रहे हो जैसे पेट ख़राब हो! क्या लफड़ा है? मेरा वाला छोड़ के...

बापू : दलवी आया था मीता।

सुमित्रा : दुबारा?

[एकदम चौकन्ना होकर]

नाक में बू आयी है शायद?

बापू : तुम लोगों की झाँय-झाँय मेरे लिए जी का जंजाल क्यों बने? मैंने किसी का क्या बिगाड़ा है?

सुमित्रा : बहुत परेशान हो! क्या हाथ लगाया उसने?

बापू : वही करता तो ठीक था। उसे मेरा कमरा चाहिए।

सुमित्रा : नमा और उसके लिए चाहिए।

सुमित्रा : डोण्ट टेल मी!

बापू : बता रहा था कि उसका अपना इन्तज़ाम ढह गया है।

[सुमित्रा क्षण भर गम्भीर होकर एकदम हँसना शुरू कर देती है। हँसती रहती है।]

सुमित्रा : डोण्ट टेल मी बापू...

[हँस कर]

दिस इज़ रिअली हिलरिअस!

[गम्भीर हो जाती है। बापू नर्वस होकर देख रहा है। सुमित्रा अब जंगल के जानवर की तरह चक्कर लगाती है। फिर रुक कर एकाएक।]

बापू, तुम्हें मना कर देना चाहिए था...पहले मैंने पूछा था। मैं ऑलरेडी कमरा यूज़ कर रही हूँ। अगर वो तुम्हें किराया दे रहा है तो मैं दुगना किराया दूँगी। मंगर वो यहाँ नहीं आ सकता...

[स्वर में दर्प]

बापू : *(आहत स्वर में)* बात इतनी सिम्पल नहीं है मीता...

सुमित्रा : वो मैं नहीं जानती...जो कह दिया, कह दिया...

[स्वर में कर्कशता]

बापू : *(अधिक आहत होकर)* मीता, मेरी बात सुनो...

सुमित्रा : *(जैसे बेकाबू होती जा रही है। चिल्लाकर)* मुझे नहीं सुननी है तुम्हारी बात-बात...

बापू : *(पीड़ित)* मुझे अब कुछ नहीं कहना है।

[सुमित्रा किंचित प्रकृतिस्थ। सिगरेट जलाती है।]

बापू : तुम जानती हो, अगर मैं मना कर दूँ तो तुम पे शक करेगा क्योंकि मेरी और तुम्हारी दोस्ती उसे मालूम है। और तुम दोनों के रहते वो उस बार की तरह आ टपके तो...

सुमित्रा : बाहर ताला लगा होता है।

बापू : कोई ज़रूरी है कि उसी वक़्त आ जाये? अगर घात में बैठा रहे और तुम दोनों के बाहर निकलते ही...

सुमित्रा : चीर के दो कर देने को मन करता है उस पाजी आदमी

को। खून पी जाने की तबीयत होती है...राई इत्ते टुकड़े...

बापू : दिमाग़ गरम करने से कुछ नहीं होगा। जो है, वो है। मेरे और तुम्हारे कह देने से तो नहीं खत्म हो जायेगा।

सुमित्रा : आई डोण्ट माइंड योर गिविंग रूम टू हिम। मगर नमा, नो। नमा को लेके वो यहाँ नहीं आ सकता। ये मेरी जग़ह है। नमा के साथ उसका यहाँ होना मैं बर्दाश्त नहीं कर सकती, आई टेल यू।

बापू : मैं ये कमरा ही खाली किये देता हूँ।

[सुमित्रा को इस बात की उम्मीद नहीं।]

बापू : चला जाऊँगा दूसरी जगह जहाँ पार्टनर हो। मुझे नहीं चाहिए खिटखिट।

सुमित्रा : *(उसके पास पहुँच कर और उसके कन्धे पर हाथ रख कर)* सॉरी बापू! मैं तुम्हें बहुत दिक करती हूँ। मगर मैं भी करूँ क्या? कोई तो नहीं है मेरा, तुम्हें छोड़कर। और बगैर नमा के मैं नहीं रह सकती। आई मस्ट पज़ेस हर। ...बापू, अगर मेरे पास पिस्तौल होती तो दनादन गोलियाँ चलाकर दलवी को अब तलक ठण्डा कर देती। मैं कई बार कल्पना में उसका सफाया कर चुकी हूँ। नमा उसकी बाँहों में होती होगी, ये सोचते ही मेरा दिमाग़ क़ाबू में नहीं रहता...

बापू : मेरी तो कुछ समझ में नहीं आता कि तुम...

सुमित्रा : कोई नहीं समझ पायेगा। ...बापू, ये कमरा मैं लिए लेती हूँ। मैं किराया दूँगी। नाम तुम्हारा ही रहे। तुम पार्टनरशिप में दूसरा कमरा ले लो और रहते चले जाओ। तुम्हारे यहाँ से उठ जाने के बाद दलवी का सवाल भी नहीं रहेगा।

बापू : यहाँ वाले लोग क्या कहेंगे?

सुमित्रा : वो मैं देख लूँगी। तुम यहाँ क्यों आने चले हो? आओगे भी तो कभी-कभार।

बापू : मीता, ये सब अजीब है, और बहुत उलझा हुआ है।

सुमित्रा : ज़िन्दगी भी ऐसी ही है।

बापू : मेरा मन नहीं मानता।

सुमित्रा : बापू, ऐसा तो कोई नहीं कहता कि दोस्ती में आपका मन सब कुछ मान ले। मेरी खातिर जो कुछ किया है, उसमें ये और भी सही। इसके बाद कुछ नहीं कहूँगी।

बापू : *(पसोपेश में। फिर निर्णय करके)* नहीं। मीता, मुझसे ये मत कहो। मैं कमरा खाली कर दूँगा। तुम चाहो तो मकान-मालिक से ले लो। मुझे इस टंटे में अब ज़्यादा मत उलझाओ।

सुमित्रा : *(अच्छा नहीं लगता)* तो तुमने ठान लिया है?

बापू : ठान लेने का सवाल ही नहीं है। मुझसे कुछ और होने वाला नहीं है। मीता, मैं बुज़दिल हूँ, कमज़ोर हूँ...

सुमित्रा : *(ख़फा होकर)* ये आपके बताने की ज़रूरत नहीं।

[रुखाई से]

जो जी में आये, वो करो। जो मेरे आयेगा, वो मैं करूँगी।

बापू : *(चिन्ता भरे स्वर में)* क्यों करोगी?

सुमित्रा : तुमसे मतलब? तुम तो मेरी मदद नहीं ही करोगे न? यही सही।

[जाने को होती है। साइकिल पकड़ती है।]

बापू : मीता, मैं तुम्हारा दिल दुखाना नहीं चाहता...

सुमित्रा : मैं इतनी कमज़ोर नहीं हूँ कि हर कोई आये और दिल दुखा के चलता बने। ...मौत से भी मिल आयी हूँ मैं!

[जाती है।]

बापू : मीता...

[वह जा चुकी है।]

बापू : *(दर्शकों से)* मीता चली गयी। ज़िन्दगी से हट जाये कोई, ऐसे मीता चली गयी। बगैर मुड़कर देखे, निश्चयपूर्वक चली गयी। अगर उसी वक़्त मेरी ज़िन्दगी से हट जाती तो शायद...

[रोशनी फीकी होते-होते परदा।]

अंक तीन

बापू : मैं हैरान था कि वैसी मजबूती से मैंने फ़ैसला किया और फ़ैसले पर डटा रहा। कमरा मकान-मालिक को सौंप कर मैं दो पार्टनरों वाले एक कमरे में उठ गया। अब कोई सवाल न था। न दलवी माँग सकता था, न मीता अपना हक जमा सकती थी। यह साफ़-साफ़ दुम दबाकर भागता था। मगर किस बूते पर भागा था, समझ नहीं आता था। हो सकता है कि कुल हालात का रेला हो...मीता दिख जाती थी, पर मुलाकात नहीं हो पाती थी। सामने से गुज़र जाती थी, नाराज़गी दिखाती थी। दलवी ने मान लिया था कि मैं कमरा छोड़ चुका हूँ; उसने दूसरे रास्ते ढूँढ़ना शुरू कर दिया। शायद किसी और का कमरा पटाया, मीता नहीं पटा पायी शायद। ये ख़ामख़याली भी हो सकती है मेरी क्योंकि खुद होकर पता लगाना मैं टाल रहा था। ज़ख़्म पर नमक छिड़कने में क्या रखा था...

[पढ़ने बैठ जाता है। सुमित्रा आती है। रूखी-सूखी और दहकन भरी।]

सुमित्रा : पहचानते हो मुझे? क्यों?

बापू : *(क्षण भर जायज़ा लेकर)* तुम्हीं दिखती नहीं हो। सोचा, शायद बिजी होगी।

सुमित्रा : बेहद! खुश हो न? नया कमरा है, कोई तकलीफ न होगी।

बापू : *(कुछ और नहीं सूझता)* ठीक है। पार्टनर लोग उतने अच्छे नहीं...मगर ठीक है।

सुमित्रा : मुझसे अच्छे होंगे...

बापू : तुम कैसी हो!

सुमित्रा : मौज कर रही हूँ। मुझे किस चीज़ की कमी है? सब ठीक है।

बापू : सब ठीक है।

सुमित्रा : *(यकायक)* तू केंचुआ है!

[चिढ़ाकर]

ठीक है...

[बापू अवाक्]

सुमित्रा : तू आया कैसे मेरी ज़िन्दगी में, इसी का अचरज होता है। मुझे पहले ही समझ लेना चाहिए था। सींक पर उठाकर फेंक देना चाहिए था।

बापू : मुझसे भूल हो गयी हो तो माफी चाहता हूँ...

सुमित्रा : तुझसे कैसे भूल होगी? भूल मुझसे हो गयी। ठीक रहा कि सुधार ली गयी। मेरा दोस्त कोई था ही नहीं, मुझे बेकार में वहम हो गया था, वहम...

बापू : *(तड़प कर)* मीता, मेरी निगाह से देखो...ज़रा सोचो...

सुमित्रा : क्यों सोचें? तुम हो कौन? नपुंसक हो तुम...केंचुए हो! रेंगने वाले कीड़े हो! रेंट टपकाते मुन्ने। किसके पास रखा है ढेर सारा टाइम कि तुम्हारे बारे में सोचे। गो टू हेल, आई डोण्ट केअर! कोई अड़ा जाता है तुम्हारे बगैर?

बापू : ऐसा तो मैंने सोचा तक नहीं, मीता...

सुमित्रा : मुझे तुमसे रुपये चाहिए।

बापू : *(समझ न पाकर)* रुपये?

सुमित्रा : *(उसे देखे बगैर)* हाँ, रुपये। हों तो दो। नहीं दोगे तो भी चलेगा

बापू : *(अनजाने)* रुपये किसलिए?

सुमित्रा : *(भड़क कर)* मेरी लाश पे लुटाने के लिए। तुझे क्या करना किसलिए? देने हों तो दे, नहीं तो मना कर दे।

बापू : *(अब भी विमूढ़)* मेरे पास ज़्यादा नहीं हैं...शायद पचासक हों।

सुमित्रा : लाओ, दो। मैं बाद में लौटा दूँगी।

बापू : *(रुपये देकर)* उसकी ज़रूरत नहीं मीता!

सुमित्रा : फिर भी लौटा दूँगी। कौन तुम्हारे एहसान के बोझ तले पिचलता है।

[रुपये लेकर]

अच्छा। मिलूँगी, लौटते वक़्त। या भिजवा दूँगी।

[जाती है।]

बापू : *(दर्शकों से)* सुमित्रा की माली हालत काफी अच्छी थी। फिर ऐसा क्यों कि उसे मुझसे रुपये माँगने पड़ जायें? वो भी तब, जब मुझसे बेहद खफा हो। मुझे जानने की उत्सुकता थी। तर्क कर रहा था तरह-तरह से, पर किससे पूछूँ, यह बड़ा सवाल था।

[एक लड़का आता है। बन्द लिफ़ाफ़ा पकड़ाता है।]

बापू : *(लिफ़ाफ़ा खोल कर)* 'कुछ रुपये हों तो भिजवा दो। पिछले और ये वाले लौटा दूँगी। मीता।'

[रुपये उसी लिफ़ाफ़े में रखकर लड़के को देता है। लड़का चला जाता है।]

फिर वही! मेरे पास जो रुपये थे, घर-से मँगाये हुए थे। गिने-गिनाये! इने-गिने रुययों में से मैं कितने और कितनी दफ़ा दे सकता था...?

मीता से मुलाकात नहीं होती थी। मिलती ही नहीं थी, मिल जाती थी तो अपनी तरफ़ से रुपयों का या किसी भी बात का ज़िक्र नहीं चलाती थी। अब तलक मेरे दिमाग़ में एक ख़याल घर कर चुका था : नमा और मीता के प्रेम-प्रसंग के सिलसिले में ही मीता को रुपये की गरज थी, बार-बार। शायद किसी जगह के किराये के लिए ही रुपया खर्च हो रहा था। और मीता को ये न पुसाता था, न छुड़ाते बनता था। ...कालेज का एक आउटिंग था। नमा भी आयी थी। मीता नहीं आ पायी थी। दलवी भी नहीं था। उसे इन चीज़ों में शायद इण्टरेस्ट नहीं था। मैंने निश्चय किया, नमा के सामने बात छेड़ूँगा। क्या होगा ज़्यादा-से-ज़्यादा टाल जायेगी।

[नमा आती है। बैठी है या खड़ी है।]

बापू : मिस देशमुख!

नमा : *(देख कर)* आप?

बापू : *(उसके करीब बैठ कर या खड़े या खड़े-खड़े)* क्या चल रहा है?

नमा : क्या? कुछ भी नहीं...ऐसे ही कुछ...

बापू : मीता आने वाली थी?

[नमा चुप लगा जाती है।]

बापू : दलवी क्यों नहीं आया?

नमा : मैच वगैरा होगा शायद।

बापू : मैंने जितना सोचा था उससे भी बोरिंग रहा ये आउटिंग। है ना?

नमा : ऐसई है...

बापू : बहुत बचकाना महसूस होता है...ये गाना-बजाना, चीखना चिल्लाना, भद्‌दे जोक्स मारना...गाना भी महज़ शोरगुल ...न सुर न ताल...जंगलीपन निरा...तबियत उखड़ गयी अपनी तो...

नमा : मैं भी इन सहेलियों ने ज़िद की इसलिए चली आयी...

बापू : बहुत दिनों से सोच रहा था कि पूछूँगा। पूछूँ न? आजकल कैसी है मीता?

नमा : *(अनपेक्षित प्रश्न सुनकर मन-ही-मन सिटपिटाते हुए)* जी...?

बापू : ऐसे ही पूछा। मुलाकात नहीं हो पायी कुछ खास। सोचा, आपको मालूम हो।

नमा : *(हलकी बेचैनी)* ठीक है।

[रुक कर]

हमेशा की तरह।

बापू : माफ कीजिए, अचानक ज़ेहन में आया तो पूछता हूँ। असल में ये भी नहीं जानता कि पूछना सही या गलत ...आजकल शायद मुश्किल में है। खास कर रुपये की मुश्किल जान पड़ती है।

नमा : *(उत्तर न देने की असफल कोशिश। मजबूरी से)* क्या पता...

बापू : मुझी से माँगे थे कोई तीन-चार बार। खैर, वो कोई बड़ी बात नहीं मगर मुश्किल क्या है?

नमा : *(अरुचिपूर्वक)* ये तो उसी से पूछें।

बापू : *(जल्दी से)* वो तो हई है। आप से भेंट हो गयी सो पूछा, ऐसे ही रुपये-पैसे वाली मुश्किल आ बैठती है कभी-कभी। वो बड़ी बात नहीं। लेकिन मुझे उनकी बड़ी फिकर है।

नमा : *(उत्तर टालकर बेचैनी से)* हूँम।

[नॉन कमिटल। फिर अनिवार्यता से]

एक काम कीजिएगा?

बापू : *(दृढ़ स्वर में)* मैं मीता की खातिर कुछ भी कर सकता हूँ।

नमा : *(अनिवार्यतः)* मैं...मैं कैसे कहूँ, समझ नहीं पड़ता...याने उससे...याने डर लगता है, पता नहीं वो कैसे ले...डर ही लगता है उससे...बहुत स्ट्रांग है वो...गुस्सैल है...ऐसे अच्छी भी है...पर...

बापू : *(चौकन्ना होकर)* अच्छी हई है। पर आपने जो कहा, सही कहा। उसमें संयम नहीं है। या तो इस छोर या उस छोर। इसी वजह से कई बार समझ नहीं आता कि कैसे पेश आयें?

नमा : *(उत्स्फूर्त स्वर में)* वही तो...

बापू : यही वजह है कि मेरे बारे में आजकल गलतफहमी लिए बैठी है।

नमा : मेरे तो कुछ पल्ले ही नहीं पड़ता...

बापू : जी?

नमा : यही कि...वो मुझसे बहुत प्यार करती है। मुझे भी वो ऐसे...अच्छा लगता है...मगर कभी-कभी प्यार से भी जी उकताता है...जब...जब वो भारी हो जाता है। इसके अलावा मेरे भी कुछ अपने प्रॉब्लम्स हैं। कैसे कहूँ...और वो है कि सुनने-समझने की हालत में ही नहीं होती... बड़ा प्रॉब्लम हो जाता है तब...उसका हठ ये है कि जो मैं करती हूँ वो तुमको अच्छा लगना ही चाहिए...ये कैसे हो सकता है? कुछ कहने ही नहीं देती अपने को...ऐसे

कि जो मैं कहती हूँ, वही सच है...जो मुझे पसन्द है, वही सबसे अच्छा है...जो फ़ैसला मैंने किया है, वहीं सही है ...जो करना है, मैं ही करूँगी। और मैं हाँ में हाँ मिलाऊँ ...ये कैसे होगा?

बापू : सही बात है।

नमा : शुरू-शुरू में नहीं खटका। माने मैंने कहा, कोई बात नहीं, लेकिन अब तो बहुत ही बढ़ गया है। सच में, मुझे उससे डर लगता है। एक दिन तो...जाने दीजिए...

बापू : क्या हुआ?

नमा : कुछ नहीं...मैंने हँसी-हँसी में कह दिया कि मेरे मैरिज की बात चल रही है...मालूम उसने क्या किया? ...मेरे गला घोंटने पर उतर आयी।

[चेहरे पर तब का भय]

असली में नहीं...और फिर ठहाका लगाया...रुके ही नहीं ...आप ही बताइए, आदमी को डर नहीं लगता?

[निस्तब्धता]

नमा : और भी एक बात है...

बापू : जी?

नमा : कैसे कहूँ कुछ समझ नहीं पड़ता...क्योंकि है अजीब बात...

[उसकी ओर देखने से कतराती है, जैसे जबरदस्ती कम्पलशन तले हो।]

हम लोग जब साथ-साथ होते हैं...तब...मेरे और दलवी के बारे में पूछती है...याने...याने हम लोग...हम कैसे... इंजाय...करते हैं...

[बहुत तकलीफदेह है बताना, मगर बताती है।]

नहीं बताऊँ तो सह नहीं पाती...चेहरा ही बदल जाता है ...डर लगता है। मुझे ये सब अच्छा नहीं लगता...

[आँखें पोंछती है।]

[बापू चुप। नमा अपने को सँभालती है।]

नमा : बताइयेगा नहीं किसी को...

बापू : जी...

नमा : बताइयेगा नहीं किसी को....

बापू : जी...

[नमा जाती है।]

बापू : *(दर्शकों से)* नमा ने जो बताया था, वह अलग था, एकदम नया था। और अगर ऐसा था तो वह प्रेम-प्रसंग कब तलक टिका रहेगा? कब तलक सह पायेगी नमा ये घिसटना? और असल में कितने दिनों तक लोगों की आँख ओट रहेगा? अगर किसी दिन नमा मीता को छोड़ जाये, तो क्या होगा?... वास्तव में मेरे अपने काम पड़े थे, पढ़ाई थी और मैं बेकार बातों में घण्टों मशगूल रहने लगा था। आखिर तय किया कि मीता को पत्र लिखूँगा। ढेर सारी काटी-पीटी करने के बाद काग़ज़ पर काग़ज़ बरबाद करने के बाद जो लिखते बना, लिखा। लिख रहा था और जान रहा था कि इससे कुछ होना जाना नहीं है। मुझे दुबारा केंचुआ साबित होना है। फिर भी लिखा है। यों :

[जेब में से एक काग़ज़ का पुर्जा बाहर निकालकर ज़ोर से पढ़ता है।]

'मीता, मैं जो लिख रहा हूँ वो तुम्हें शायद, शायद क्यों, निश्चय ही अच्छा नहीं लगेगा। लेकिन दोस्ती का फर्ज़ मानकर लिख रहा हूँ। पढ़ना गवारा न हो तो पढ़ने से पहले फाड़ कर फेंक देना। मुझे बुरा नहीं लगेगा। लेकिन मैं कहना चाहूँगा कि जितना तुम समझती हो, उतना सब ठीक नहीं है। तुम जिसका भरोसा किए हुए हो, वो उतना भरोसे के काबिल नहीं। बापू।'

ये पत्र आते-जाते मैंने खुद मीता को दिया। देते समय लगा था, सब पगलटी है, मगर गलत नहीं लगा।

[सुमित्रा आती है।]

सुमित्रा : क्यों बापू, इस खत का क्या मतलब? क्या कहना चाहते हो जो लिखने की ज़रूरत आ पड़ी?

बापू : खत पढ़ा है न? बस, यही बहुत हुआ। ज़्यादा कुछ नहीं कहना मुझे।

सुमित्रा : जिसका मैं भरोसा किए हुए हूँ, वो उतना भरोसे के काबिल नहीं...याने क्या? वाट डू यू मीन?

बापू : जो कहना था, मैंने कह दिया।

सुमित्रा : बेवकूफ हो! बौड़म नम्बर एक! तुम्हें बहुत सीखना है अभी।

बापू : जो चाहे कह लो...

सुमित्रा : नमा अब मुझसे छूट के जा ही नहीं सकती। मेरी मुट्ठी में है वो अब! बिकॉज़ शी नोज़! अगर मैं चाहूँ तो उसकी मट्टी-पलीद करके रख दूँ।

बापू : *(सुन्न होकर)* क्या मतलब?

सुमित्रा : मतलब यह कि मैं उसके और मेरे रिश्ते को लेकर दुनिया भर की फैलाऊँगी। उसका मैरिज रुकवा दूँगी। मुझे छोड़ दे तो उसके लिए रास्ता नहीं है। समझ गये मतलब?

बापू : मगर दलवी?

सुमित्रा : फारगेट दैट। दलवी को उससे अब कोई ताल्लुक नहीं रहा। दलवी ने दूसरा इण्टरेस्ट ईजाद कर लिया है। और ये वो जानती है।

[स्वर में विजय।]

बापू : दलवी और नमा के बीच सब खत्म?

सुमित्रा : येस!

बापू : और तुम उसके मैरिज में रुकावट डालोगी?

सुमित्रा : करेक्ट! माने जब मौका आयेगा, मैं सोचूँगी...माने अगर उसका मेरे साथ बना रहा, आई कैन कन्सिडर।

बापू : *(ज़रा रुककर)* इसे ब्लैकमेल कहते हैं!

सुमित्रा : कहा करे!

बापू : हम जिस पर दिल छिड़कें, उसे ब्लैकमेल करें? उसकी राहें चारों ओर से बन्द कर दें? उसे अपने से ज़बरदस्ती बाँध रखें?

सुमित्रा : देखो, अगर कोई वस्तु मुझे भा जाती है तो वो मैं दूसरे को नहीं लेने दूँगी। नहीं लेने दूँगी, चाहे जो होके रहे। सवाल मेरी मर्ज़ी का है। गलत क्या है?

बापू : है। नमा वस्तु नहीं है, इनसान है।

सुमित्रा : वो मेरी मन पसन्द वस्तु है! मेरी ज़रूरत है।

[बापू चुप]

सुमित्रा : क्यों साब, बोलती क्यों बन्द हो गयी आपकी?

बापू : बन्द क्या...अगर हम इनसान को वस्तु मान लें तो हमीं अपने को धोखा देंगे।

सुमित्रा : छोड़ नू! नमा वोण्ट लीव मी, अनलेस आइ अलाऊ हर टु लीव, आफ कोर्स!

[चली जाती है।]

बापू : *(दर्शकों से)* मैंने महसूस किया कि मीता मुझे बिल्कुल अच्छी नहीं लगती, कि मैं उसे देखना तक नहीं चाहता; एक किसम की उदासीनता मुझ पर छा गयी है। हमारी दोस्ती के बीच बिल्कुल पहली बार ऐसा हुआ था कि कोई चीज़ बेहिसाब ताननी शुरू की थी और तानते-तानते टूट गयी थी। ...टूट गयी थी और मुझसे कुछ नहीं हो पा रहा था। ...मेरे दिमाग़ की नसें ग़ुस्से में तड़क उठीं। उसी रात मैंने ठान लिया कि मीता के चंगुल से नमा को छुड़ाने के लिए जो भी करते बनेगा, करूँगा। मीता जो चाहे, सोचा करे। जो करना चाहे, करे। मैं फिकर नहीं करूँगा। ...मुझे गुस्सा क्यों आ रहा था? मीता ने तो मुझे ज़रा भी नहीं दुखाया था। और जब-जब दुखाया था, मैंने थोड़ा-बहुत संकोच सिर्फ़ अनुभव किया था। इससे ज़्यादा कुछ नहीं। पर इस बार गुस्सा हो आया था। नमा हो, चाहे कोई हो, ये कैसे हो सकता है कि कोई किसी को 'वस्तु' समझ कर खिलवाड़ करे? ...यह जो भी है, भयानक है। वहशत है और मैं ये सब नहीं चलने दूँगा।

मगर करूँगा क्या? कुछ सूझ नहीं रहा था। तब मैंने पाण्डे को एक लम्बा-चौड़ा खत लिखा। तो जो जी में आया, लिख मारा। पल्टन वाले पते पर उसी रात पोस्ट किया। ये भी नहीं सोचा कि कब उसे मिलेगा। न भी मिले तो भी कोई बात नहीं। और मानो मिल भी जाये, तो भी क्या होने वाला है? लिखा था, ताकि मुझे चैन मिले।

कभी-कभार नमा दिख जाती। मैं शरम से पानी-पानी हो जाता। लगता, मैं कुछ भी नहीं कर रहा हूँ। आज महसूस करता हूँ कि वह तपन नमा को लेकर नहीं थी; गुस्सा था वो, और मीता के लिए था। मुझे लगा था कि मीता ने मुझे चैलेंज किया है और चैलेंज स्वीकारने की ताकत मेरे में नहीं थी...और मैं शरम से भर उठा था। इसी बीच तूल देने वाली एक घटना हुई।

[सुमित्रा और नमा हाथ में हाथ डाले आती हैं]

सुमित्रा : हलो बापू, अकेले ही...

बापू : *(नमा को देखकर)* जी हलाकान हो गया। सोचा, बैठेंगे अकेले ही।

सुमित्रा : क्यों? जी हलाकान क्यों?

बापू : *(नमा और मीता के प्रेम-विभ्रम को अनदेखा करने की असफल चेष्टा कर)* क्यों क्या...कभी हो जाता है मूड ऐसे ही ख़राब...

सुमित्रा : मैरिज करो! मैरिज!

[अकारण अट्टहास करती है।]

[नमा उसका साथ देती है। मगर बापू से आँख चुराती है। पहचान नहीं दिखाती।]

सुमित्रा : मैरिज करने के बाद मूड ख़राब होने को टाइम ही नहीं मिलेगा।

[नमा से]

है ना?

[नमा रिस्पौन्स देती है।]

बापू : *(साहसपूर्वक)* करूँगा, करूँगा, वो भी करूँगा। कोई वजह नहीं कि शादी न करूँ।

[नमा और सुमित्रा अलग-अलग रिएक्ट होती हैं मगर रिएक्शन दबाने की कोशिश करती हैं।]

सुमित्रा : अहा, टुइयाँ बोल पड़ी!

बापू : कोई डर है क्या?

सुमित्रा : *(नमा से)* चल, देर हो रही है। बाई-बाई देन! सी यू, मुन्ने!

[दोनों चली जाती हैं।]

बापू : *(दर्शकों से)* अच्छा लगा, ज़रा देर? बोल के दुखा तो पाया! नमा पर भी गुस्सा आया; वो भी मीता का ही साथ दे रही थी। कैसी लाचारी! सोचा, विकल्प उसके लिए नहीं है। बुरी तरह फँस गयी है। बुरी तरह फँस गयी है। मुझे मीता ऐसे दिखाई पड़ी जैसे एक राक्षस हो!...

इसी बीच छुट्टियाँ पड़ीं। घर हो आया। उम्मीद थी कि ज़रा दूर चला जाऊँगा तो दिमाग़ भी शायद ठण्डक पायेगा। मगर घर में पड़ा-पड़ा बोर हुआ किया। लौट आया। पता लगाने से पहले सब पता चल गया। मीता और नमा का स्कैण्डल बन चुका था। उन दोनों को लेकर एक कहानी भी कहीं छप चुकी थी। कालेज की चारदीवारी में उसकी चर्चा चल पड़ी थी। मीता कालेज में दिखाई पड़ जाती थी। नमा का पता न था। जब मुझी से न रहा गया तो मैं मीता से कालेज से दूर एक जगह मिला। हालात का पता लगाने की अपार उत्सुकता थी...

[साइकिल पकड़े मीता आती है। आँखों पर काला चश्मा!]

बापू : मीता...

सुमित्रा : *(ज़्यादा हाईन्ड)* हलो! हो कहाँ आजकल?

बापू : घर गया था, गाँव!

सुमित्रा : मज़े रहे होंगे।

बापू : नहीं, जी नहीं लगा। क्या ख़बर है?

सुमित्रा : *(सावधान होकर)* काहे की ख़बर?

बापू : ऐसे ही। मैं यहाँ नहीं था ना?

सुमित्रा : यहाँ आने के बाद क्या-क्या सुना?

बापू : मैंने?

[जैसे झूठ बोल रहा हो?]

कुछ भी नहीं। सबसे पहले तुम्हीं से भेंट हुई है।

सुमित्रा : अच्छा?

[जान गयी है।]

शादी पक्की करके आये हो न?...

बापू : *(विस्मय से)* क्या? शादी? मेरी? अभी से? अभी तो हमें बी.ए. करना है।....

सुमित्रा : *(कोई असर नहीं!)* ओ हाँ...अच्छा तो–

बापू : जा रही हो?

सुमित्रा : क्यों?

बापू : नहीं। ऐसे ही। बहुत दिनों बाद मिली हो न तो...

सुमित्रा : तू पूछ क्यों नहीं लेता वन्स फार आल?

पाण्डे : क्या?

सुमित्रा : *(एकदम कटु स्वर में)* कि मुझे कब रस्टिकेट करने वाले हैं...पूछ!

[बापू को नकारने का मौका न देकर]

यही ख़बर पाने को तड़प रहा था न तू?

बापू : यह नहीं...मगर सुना है कुछ ऐसा ही...

सुमित्रा : थैंक यू...सच बोलने की खातिर...

[तुच्छता दिखाकर]

लायर! सच्चाई से जीने की हिम्मत ही नहीं है तुम लोगों में। तुम्हें है पता? उसने साफ़ इनकार कर दिया। कान पर हाथ धर कर अलग। जब वो भी नहीं निभा तो रोते-रोते बताया कि मैंने उल्लू बनाया। मैंने बिगाड़ा। मैं ब्लैकमेल करती हूँ। उसका कोई कुसूर नहीं, कोई इच्छा नहीं...

[हिस्टीरिकल हँसने की कोशिश करती है असफल।]

हाः माफ़ी माँगकर छूट गयी।

[निस्तब्धता।]

बापू : तुमने क्या तय किया है?

सुमित्रा : मैंने? मैं उसे एक्स्पोज कर सकती हूँ, विद् प्रूफ्स! छिपने को जगह नहीं मिलेगी। पर नहीं करूँगी। क्यों नहीं करूँगी? नहीं जानती, शायद अब भी एक साफ्ट कॉर्नर बाकी है। आई स्टिल लव हर बापू, आई स्टिल व्रेव फॉर हर। मेरा लहू उसे पुकार उठता है। वो, सिर्फ़ वो!

[डिज़गस्ट]

और वो इस तरह की। माफ़ी माँगने वाली। मुझपे इल्ज़ाम लगाया उसके बारे में शिकायत नहीं...दैट्स ऑल राइट, मैं कारण भी समझती हूँ। उसे अपनी चमड़ी बचानी थी, ठीक है मगर उसने मिलना तक बन्द कर दिया। घर से बाहर निकलना बन्द कर दिया है मेरे डर से। सबेरे तीन घण्टे उसकी राह देखा की मैं...

बापू : कहाँ?

सुमित्रा : उसके मकान के सामने वाले होटल में। रात को लगा कि सीधे जाके उसके घर का दरवाज़ा खटखटाऊँ। घर में तो क्या घुसने देंगे मुझे, गालियाँ ज़रूर सुनाएँगे। मगर वो तो दिख जाएगी।

बापू : मीता...

सुमित्रा : मैं घर से निकल भी पड़ी थी, फिर ग़ुस्सा आया। क्या हक रहा है उसे अब, मेरे प्यार का? बतौर डिप्लोमेसी के रिश्ता झुठलाना एक बात है और मुझसे ज़रा भी न मिलना एकदम दूसरी बात है। मुझसे मिलती क्यों नहीं? पता है? कल शाम को मैं जान-बूझ कर रोज़ मिलने की जगह गयी थी, बैठी रही, सोचा आएगी...

बापू : कहाँ?

सुमित्रा : कॉलेज के सामने जो साइकिल वाला है उसके घर में। सिनेमा हाउस के पीछे वाली झोंपड़ पट्टी में रहता है वो...।

[बापू अवाक्]

सुमित्रा : रात के दस बजे तक बैठी रही। उसके बाद रुकना असम्भव था। दुकान बढ़ा कर आया था तो पिए हुए था। मैं चली आयी।

[स्वर में और मुख पर वेदना।]

आई काण्ट बेअर इट, आई टेल यू! मैं उसे ज़िन्दा नहीं छोड़ूँगी...टुकड़े-टुकड़े कर दूँगी।

बापू : मीता, शान्ति रखो...

सुमित्रा : *(एकदम सरकेस्टिक)* मीता, शान्ति रखो!

[ठहाका]

शान्ति, शान्ति-सैनिक! शान्तिलाल जी! आप एकदम ठंडेलाल जी हैं... *(हँसती जाती है। काला चश्मा लगाये भयानक दिखाई पड़ती है)*

बापू : *(आखिरकार)* रस्टिकेशन का क्या? झूठ है न?

सुमित्रा : *(तीखे स्वर में)* रुक नहीं रही है...क्यों? खुजली उठ रही है जानने की! झूठ क्यों? सच है। दे विल रस्टिकेट मी। नहीं तो क्या मानपत्र देंगे?

बापू : वो बात नहीं... मगर वार्निंग दे-दिला के...

सुमित्रा : सारा शहर जान गया है। एक प्रतिभाशाली कलमघिसुए ने कहानी भी लिखी है मुझ पर...

बापू : तुम्हारा नाम ले के थोड़े ही लिखी है...

सुमित्रा : तो तुमने पढ़ी है! इतनी जल्दी? घर से आते ही...

बापू : असल में मुझसे पढ़वाई गयी।

सुमित्रा : बहाने मत बनाओ। मज़ा तुम्हें भी आया होगा।

बापू : नहीं...

सुमित्रा : खूब रस ले के पढ़ी होगी। ...क्या-क्या लिखा है...

बापू : *(ईमानदारी से)* नहीं मीता, भगवान की कसम खाके कहता हूँ मुझे तकलीफ़ हुई है...बल्कि संकोच हुआ...जैसे बेहिसाब शर्म महसूस हुई...

सुमित्रा : मेरे बारे में? मेरे ही बारे में...झूठे ही इनकार नहीं कर सकते।

बापू : नहीं इस बात की कि मैं ऐसी चीज़ पढ़ रहा हूँ। कोई ऐसी चीज़ लिखता है और वह छपती है, इसकी।

[सुमित्रा निस्तब्ध]

बापू : तुमने क्या तय किया है?

सुमित्रा : काहे के बारे में?

बापू : कहानी के।

सुमित्रा : तुम करो न, जो भी करना हो। मुझसे क्यों पूछते हो? मैंने नहीं पढ़ी। ...क्यों पढ़ूँ मैं? लिखना चाहें सो लिखें। मैं क्यों उसे पढ़ूँ? मैं जो हूँ, हूँ। अपने को जानती हूँ। क्या कर लेंगे मेरा? क्या करेंगे?

बापू : *(ज़रा डर कर)* घर के क्या हाल हैं?...अच्छा अगर रस्टिकेट होने की नौबत आये...अगर...आनी तो नहीं चाहिए...मगर...

सुमित्रा : कुछ तय नहीं!

बापू : तो क्या हो सकता है... घर पर?

सुमित्रा : कह दिया न? कुछ तय नहीं।

[एकदम टेन्स]

कुछ नहीं जानती। ऐसे भी मैं हूँ ही सबसे अलग। मर ही जाती। बच गयी।

[रुक कर]

एनि वे, गुड बाई।

बापू : अगर मेरे करने लायक कोई काम हो तो...

सुमित्रा : *(जैसे कोड़ा मार रही हो।)* बहुत काम किया...बो-हो-त् ...अब और कष्ट क्यों...

बापू : *(विरस अनुभव कर)* नहीं मीता...सच...

सुमित्रा : अपनी ढोंगी सिम्पथी अपनी जेब में रख। नहीं चाहिए मुझे। मैं भिखारिन नहीं...

[चली जाती है।]

बापू : *(दर्शकों से)* मीता के लिए चिन्ता हुई। लेकिन उसमें ढोंग नहीं था। और न पहले की तरह भावुकता थी। नमा को देखने का उसका दृष्टिकोण मुझे नामंजूर था। मगर आज वह अकेली पड़ गयी थी और उसे ऐसी हालत में छोड़ कर मुझसे ये नहीं हो सकता था कि तटस्थ बना रहता ...जो हो रहा था, उसे देखता रहता...इसीलिए मैंने तय किया कि लोगों की निगाहों से बचकर मीता की मदद करूँगा।

और एक रोज़ पाण्डे जी महाराज आन पधारे।

[पाण्डे आता है। उसमें जो परिवर्तन हो चुका है, ध्यान में आता है। फ़ौजी आदमी का बदन और चाल। लिबास फ़ौजी नहीं। नुकीली मूँछें। पाली-पोसी हुई। पाण्डे प्रौढ़ और सख्त जान पड़ता है।]

पाण्डे : बे बपुए स्साले...ब्लडी बास्टर्ड साले...

[बापू के पेट में घूँसा जमाने का नाटक करके गले मिलता है। फिर बापू को निहार कर]

तू बदलाय गया भइए। तेरे को डाढ़ी फूटि आई...साली मूँछें भी...

बापू : *(सकुचाकर भी खुश होकर)* हट बे! तू भी बदल गया यार!

पाण्डे : हाऊ आर यू बे? क्या रंग हैंगे प्यारे?

बापू : ठीक ही है। मगर गुरु, तुम आये कब? टिके कहाँ हो?

पाण्डे : सबसे बड़ी बात ये बपुए, कि अपन ज़िन्दा हैंगे साले, कैसे हैंगे, न पूछ। साला एक्सीडेन्टलीई कै लो। कॉम्बट में खूबी गोलियाँ खाएँ हम, औ हर बार देखें, त अपन भैनचो ज़िन्दा! आखिर में एक गोली सीधे इधर

[सीने पर उँगली रखकर]

घुसी गयी...पै साली मिस्ड दि ब्लडी टारगेट! फरक इत्ता ...देख रए हो? आध इंच का! ब्लड टिकटिक वाज़ इब्टिल इन टैक्ट एण्ड साली बीटिंग। आर्मी के अस्पताल में फाडू किसम की चिल्ल-पों मचाय के आराम फरमाया माबदौलत ने उनने कुछ काटा, कुछ जोड़ा औ कह दिया : लड़ने के लिए नाकाबिल और छोड़ दिया साला। ए वार हीरो! ऐ पाण्डे!

बापू : आजकल हो कहाँ?

पाण्डे : खड़की के आर्मी हेडक्वार्टर्स में अपन फौजी किरानी का काम करते हैंगे। अफसर जायन होना हैगा। इधर आतेई सोचा कि हमारा पालित कहाँ गया? साला आई एम योर गार्जियन पार्टनर!

[ज़ोर से हँसता है]

बापू : मेरी चिट्ठियाँ मिली थीं तुम्हें?

पाण्डे : चिट्ठी? हाँ-हाँ...वो वाली? मिली थीं। मगर पैले यार कहीं चलके गला तर करेंगे, चल! तू चाय कोल्ड्रिंक उतारना हलक के नीचे। कै सौक करता हैगा? अपन मदिरा-पान करेंगे। गप्पें मारेंगे। चल...

[बापू का हाथ पकड़े-पकड़े अपस्टेज वाली गोल मेज़

तक आता है। दोनों कुर्सियों पर बैठते हैं। मेज़ पर बोतल, गिलास और राखदानी।]

पाण्डे : *(पीकर)* क्यों बे साले, तूने अभी तलक कित्ती लौंडियों पर हाथ फेरा हैगा?

बापू : *(पीते-पीते)* क्या? ...ल...कहाँ यार...

पाण्डे : यू मीन यू आर इष्टिल ए ब्लडी वर्जिन? सच्ची बोल, गार्जियन को चूतिया मती बना, फाड़ के रख देऊँगा, हाँ!

बापू : सच में!

पाण्डे : *(सीरियसली)* तू बपुए, अभी तलक कोरई हैगा? कायको हमरी इज्जत लुटवाय रहा हैगा साले? छोड़ तू जंग की जैमत, तेरे से नई निभेगी, पै साली औरत? एक भी नई? थू तेरी मर्दानगी पै!

बापू : *(बात बदलते हुए)* अच्छा पाण्डे, एक बात पता तुमको?

पाण्डे : तू बता पैले के तू करता क्या रहा इत्ते दिन? साली एक औरत तक नई...है...।

बापू : *(सायास)* मीता...मीता के बारे में पता ही होगा तुम्हें?

पाण्डे : *(ब्लैङ्क)* मीता? मीता कौन? कौन-सी मीता?

[एकदम याद आते ही]

अच्छच्छा। मीतासिंग?

[कहकहा लगाकर]

साली वो चिट्ठयाँ तुमारी! सच ब्लडी सिली लेटर्स! भक् भैनचो! अस्पताल में हम दरद के मारे चिल्लाय रय थे अपन और पढ़-पढ़ के पेट में बल पड़ रय थे!

बापू : *(बेइज़्ज़त महसूस कर)* क्यों? ऐसा क्या लिखा था हमने?

पाण्डे : का लिखा था? याद नई हैगा। पै उस बखत भौती हँसी आई थी। चाय हँसने को कुच होना चइए होयगा। मारे दरद के जान जाय रई थी न! बापू जी, हो गया कि नई खतम आपका साला बिना ब्याज का पूँजी लगाने का धन्धा?

बापू : *(सोच कर)* नहीं। अभी नहीं।

पाण्डे : *(जैसे गहरा धक्का लगा हो)* अभी नई? यू मीन, तू अभी

तलक पीछा कर रहा हैगा उस लेस्बियन वाली का?

[बापू सिर हिलाकर स्वीकार करता है। पाण्डे माथा पीट लेता है।]

बापू : तुम मेरे बारे में गलत न सोचो पाण्डे। मेरा उसमें कोई इण्टरेस्ट नहीं है। मगर पूरी छुट्टी नहीं मिलती, इसमें शक नहीं।

पाण्डे : *(एकाध घूँट पीकर)* समझ गये अपन। अपनी भी कभी वोई हालियत थी। तुमारी कसम, साले दिल के टाँके उघड़ के रे जायं! पैं पाँच-सात पेग हलक तले उतारतेई सब खतम। का अपन भी मरा करें उसपे एक ज़माने में।

[थूक कर]

लेस्बियन साली!

बापू : *(पसोपेश)* पाण्डे, उसका एक प्रॉब्लम है यार!

पाण्डे : ए भइए, तू त साले चरनाम्रित की नाई पाय रहा हैगा। दारू पी... पेग लुढ़काय गले तले।

बापू : प्रॉब्लम सीरियस है पाण्डे।

पाण्डे : खतम भी कर यार। लेट्स ऑर्डर वन मोर। खतम कर। बैरा...

बापू : *(एक घूँट पीकर)* कालेज के मैनेजमेण्ट तक मामला पहुँच गया है। किसी ने एक कहानी लिख मारी। सिर्फ़ नाम बदल दिए, बाकी सब ऐसा कि पहचान में आ जाये। हो सकता है रस्टिकेशन हो जाये।

पाण्डे : *(बेरा को ऑर्डर देकर)* का कै रय थे?

बापू : *(एकदम बैक आउट होकर)* कुछ खास नहीं। मुझे बस भई।

पाण्डे : वाट रबिस यार! अभी एक-एक और हो जाये। अपन तेरे को घर पोंचा देंगे, फिकर मती करे...

बापू : वो बात नहीं, मगर पां...

पाण्डे : अभी आते हैंगे...

[जाता है।]

बापू : *(दर्शकों से)* जंग के मैदान से पाण्डे जैसे और भी चीमड़

होके लौटा था। मुझे यही लगा। उसे देखकर शुरू-शुरू में जो खुशी हुई थी, वह भी जाती रही।

रात भर बड़ी बेचैनी रही। सबेरे डरा-डरा सा कालेज पहुँचा। सुना कि मीता के पिता प्रिंसिपल से मिल गये थे। ज़रूर कुछ तय हुआ होगा। क्या तय हुआ होगा यह मीता को छोड़कर कहीं और से मालूम नहीं हो सकता था, मगर उससे मिलने का उत्साह भी शेष नहीं था।

[दलवी आता है।]

दलवी : बापू जी, आप चाहे न बताएँ, मगर बात छिप नहीं सकती। 'खैर, खून, खाँसी, खुशी कभी रहे ना गोय!' हमें मालूम हो गया। बजाय रस्टिकेशन के ऐसे रफा-दफा किया कि तू भी चुप, मैं भी चुप। बोलो, है या नहीं?

बापू : क्या पता?

दलवी : नहीं पता तो जान रखो। नाम कटवा लिया। जैसे खुद होके कालेज छोड़ दिया। हमें पहले ही से पता था। मैनेजमेण्ट आबरू बचाने के फिराक में था। रस्टिकेशन भी नहीं हुआ और घिन से छुट्टी भी मिली।...

[बापू मौन।]

दलवी : कहना, अब दूसरे कालेज का दरवाज़ा खटखटा। मगर यहाँ कहीं एडमिशन मिलना नामुमकिन है। दूर बम्बई या दिल्ली में मिल सकता है। वहाँ किसे पता चलने वाला है!

[बापू विचारों में खोया हुआ है।]

दलवी : मगर अपन पिंड छोड़ने वाले नहीं हैं। जहाँ एडमिशन लेगी, वहीं अपना पत्र पहुँचेगा। सब खोल के रख देगा। साइक्लोस्टाइल ही करा के रखता हूँ।

बापू : तुम्हें किस लिए उत्साह?

दलवी : मज़ा स्साला। देखता तो हूँ, क्या करती है।

बापू : वो क्या कर पायेगी?

दलवी : एक झटके में मरने वाली कीड़ी नहीं है मेरे यार! चुलबुलाने वाली किसम है!

बापू : छोड़ो यार। कोई और काम करो।

दलवी : वो तो करी रहे हैं। मगर उस हरामज़ादी को छोड़ देने वाले नहीं हैं यहाँ। हो जाये स्साला। अगर ज़रूरत पड़ेगी तो खुद जाके हाजिर हो जायेंगे। देखते रहना।

बापू : दलवी, ये बुरी बात है।

दलवी : क्यों साब? बुरी कैसे?

बापू : ये अबनार्मलिटी है। मरे हुए को मारने में क्या मज़ा रखा है?

दलवी : वो तुम नहीं समझ सकते...और वो वैसे मरने वाली भी नहीं है। मगर जानेमन, आयेगा साला मज़ा! तुम उसे ये बताओगे ही!

बापू : *(चिढ़कर)* क्यों बताऊँगा?

दलवी : बता ही देना। मेरा नाम कहके बताना। देखें, क्या कहती है।

बापू : मुझे ऐसी आदत नहीं।

दलवी : मगर मैं कह जो रहा हूँ। आई वाण्ट हर टु नो!

बापू : मुझसे नहीं होगा। जख्मी चिड़िया की टाँग में डोरा बाँध के खींच रहे हैं, जान ले रहे हैं। यहीं है ये।

दलवी : जख़्मी चिड़िया? वो? मूँ में ख़ून लग गया है उसके। लेकिन अपन भी कच्ची गोलियाँ नहीं खेले हैं। जा, तुझे जहाँ भी जाना होय, अपन भी वहीं पहुँचेंगे। तू डाल-डाल, मैं पात-पात! तुम कही देना उससे।

बापू : *(दर्शकों से)* मुझे नफरत हुई दलवी से। और मीता से? अपनापा महसूस नहीं हुआ। उसकी फितरत भी दलवी जैसी थी। वो भी आखिर नमा को ब्लैकमेल करने चली ही थी।

[नमा आती है।]

नमा : हमें आपसे...आपसे कुछ कहना था...

बापू : मुझसे?

नमा : जी। आपी से मिलने आये हैं। किसी को मालूम नहीं है। बाद में चल जाये तो चल जाये। कल हम...जा रहे हैं...

बापू : कहाँ?

नमा : *(दूसरी ओर देखकर)* ऐसे ही...दूसरे शहर...कलकत्ते... किसी से कहिएगा नहीं। सीक्रेट रखिएगा।

बापू : कब तक के लिए जा रही हैं?

नमा : शायद...हमेशा के लिए। कलकत्ते मेरी बहन है। बात पक्की हो गयी है। लड़का भी उसी तरफ़ का है। ये उसे ...उसे मत बताइएगा। तकलीफ़ होगी। वो कलकत्ते भी आ सकती है। लगा कि...कि आपसे कही दूँ...

बापू : *(अर्थहीन)* जी...

नमा : उससे

[कंठावरोध]

उससे मुझे...

[शब्दों की असफल खोज]

कुछ नहीं...इतना ही कहने आयी थी। जाती हूँ। मगर उसे न मालूम हो पाये...आपको हमारी सौगन्ध है...

बापू : फिर बताया क्यों आपने?

नमा : पता नहीं क्यों? पर लगा। अच्छा, चलूँ। मगर बताइएगा मत...नहीं तो...अच्छा!

बापू : *(अचानक)* विश यू ए हैप्पी मैरिड लाइफ...

[नमा को दुखी जानकर]

जी, मन से कह रहा हूँ...वैडिंग में शामिल नहीं हो पाऊँगा ना...?

[नमा जैसे बलपूर्वक चली जाती है।]

बापू : नमा जा रही थी। शादी जो होने वाली थी। मीता से मुलाकात अब होने वाली नहीं थी। मीता से दूर जा रही थी। हमेशा के लिए और मीता को इसका पता नहीं था। कल सुबह चली जायेगी। लगा, मीता को बता दूँ...मगर सौगन्ध से बाँध रखा था। क्या करूँ? रात ज्यों-त्यों काटी। दूसरे दिन जब रहा न गया तो मीता को ढूँढ़ने निकला।

[मीता अपस्टेज पर साइकिल से टिकी खड़ी है। जैसे बहुत देर से खड़ी है। आँखों पर ठण्डा चश्मा। दूसरी ओर वाले, सड़क के उस पार, एक मकान की ओर देख रही है।]

बापू : मीता...

[मीता रिस्पान्स नहीं देती।]

बापू : मीता...

[चौंककर देखती है। जैसे पहचान नहीं पायी।]

सुमित्रा : ओः बापू!

[जैसे कोई इण्टरेस्ट नहीं। दूसरी तरफ देखती है।]

बापू : यहाँ क्या कर रही हो मीता?

सुमित्रा : कुछ नहीं!

बापू : मीता, कुछ कहना था...

सुमित्रा : मत कहो।

[उसकी ओर देखकर]

क्या था?

बापू : हम लोग कहीं बैठ के...

सुमित्रा : यहाँ भी कह सकते हो।

बापू : नहीं। कहीं चल के बैठेंगे...पाँच मिनट ज़्यादा-से-ज़्यादा!

[सुमित्रा का इण्टरेस्ट नहीं।]

बापू : मैं कह रहा हूँ तो...

सुमित्रा : *(सामने वाला मकान देखती है। पल भर खो जाती है। फिर जैसे याद आती है।)* चलो अच्छा!

[दोनों चल पड़ते हैं। साइकिल खड़ी करके बैठ जाते हैं। बापू पसोपेश में।]

सुमित्रा : जल्दी से कह डालो। मुझे वक़्त नहीं है।

बापू : मीता...नमा चली गयी...

सुमित्रा : क्या?

बापू : मुझे...कोई कह रहा था...वो जा रही है...

सुमित्रा : कहाँ?

बापू : कलकत्ते...नहीं, मुझे पक्का पता नहीं है...सच!

सुमित्रा : कलकत्ता? कलकत्ता न?

बापू : नहीं-नहीं...मुझे लगा...पर सच, मुझे मालूम नहीं...मुझे कुछ भी मालूम नहीं है। इतना ही...कि वो चली गयी...

[सुमित्रा वहशत से उसकी कलाई पकड़ लेती है। आँखें उस पर जम जाती हैं। बापू घबरा जाता है।]

बापू : मैं सच में नहीं जानता, मीता...

सुमित्रा : झूठा!

बापू : सच, भगवान कसम...

सुमित्रा : *(उग्रता से)* तुझे झूठ बोलना नहीं आता। कह डाल। कौन मिला था? क्या कहा था? कब जा रही है?

[बापू अवाक्!]

सुमित्रा : ए पत्थर...बोल ना जल्दी से। बो...ल...!

[कलाई मरोड़ना शुरू करती है। उसमें राक्षस का बल आ समाया है। चेहरा हिंस्र हो गया है।]

बापू : हाथ छोड़ो...

[छूट जाने पर]

मैंने जितना सुना, आके तुम्हें बताया। सच कह रहा हूँ।

सुमित्रा : कौन मिला था? नमा खुद? वो मिली नहीं सकती...कब जाने को बोली? कल?

बापू : *(ज़मीन की ओर देखकर)* नहीं। आज...सुबह...

सुमित्रा : *(भड़क कर)* सुबह?... और तू मुझे अब बता रहा है!

[बदन काँपने लगता है।]

अब बता रहा है हरामी...अब, इस वक़्त? ...होई नहीं सकता। झूठ बोल रहा है। नहीं जायेगी। नहीं गयी। वो यहीं है। जायेगी कैसे? जा ई कैसे सकती है? वो वापिस आयेगी...जाय...तो भी...मगर...मगर...

[उसकी हालत शोचनीय हो जाती है। मुँह सूख जाता है। होंठों पर जीभ फेरती है।]

किसी ने...घिस दिया तुझे, बेवकूफ! शी कँनॉट गो शी–जस्ट–कँनॉट–गो।

बापू : *(आवेगपूर्वक)* ये सच है मीता...मुझे...मुझे उसी ने...कल...

[सुमित्रा भकुआई-सी देखती है।]

बापू : कमस दिलाई थी...कि तुमसे न कहूँ...मुझसे रहा न गया। सच कहता हूँ मीता, उसका ब्याह तय हो गया है। वहीं जाके होने वाला है।

सुमित्रा : *(जैसे काँटे चुभ रहे हों!)* किसके संग?

बापू : है कोई...उसी तरफ़ का...नाम नहीं बताया...सच, नहीं

बताया। और अब...मालूम होके भी क्या होने वाला है ...वो तो चली गयी...

[सुमित्रा धीरे-धीरे बैठ जाती है।
सिगरेट सुलगाती है। कश लेती है। ज़ोर से सोच रही है। एकदम उठ खड़ी होती है।]

सुमित्रा : चलो, चलें।

बापू : *(उसे रोककर)* कहाँ जा रही हो मीता?

सुमित्रा : *(उसे देखकर)* जान देने नहीं...जाने दो...

बापू : बैठ जाओ मीता...पाँच ही मिनट सही...ज़्यादा नहीं...सिर्फ़ पाँच मिनट...

[बलपूर्वक बिठाता है।]

बैठ जाओ प्लीज़। कभी कहा था मैंने ऐसे? आज कह रहा हूँ। मुझे अधिकार नहीं, जानता हूँ। फिर भी कहता हूँ। कम-से-कम सुन तो लो...

[सुमित्रा बैठी हुई है।]

जो होना था, हो चुका। कभी तो ख़तम होने ही वाला था, सो हो चुका। अब नये सिरे से ज़िन्दगी बने। यही एक मौक़ा हाथ आया है राह बदलने का, यही समझें हम लोग। देखो मीता, अगर तुम तय कर लो तो कोई मुश्किल चीज़ है? तुममें हिम्मत है, ताकत है। अगर तुम ठान लो कि बदलना है, तो सब बदल सकता है। मुझे विश्वास है।

[सुमित्रा पत्थर की मूर्ति बनी बैठी है।]

मानती हो? ज़रा सोचो तो मान लोगी। जब सोचते नहीं हैं हम, तो बेकार भाग-दौड़ में लगे रहते हैं। सोचते हैं, तो गलती समझ लेते हैं। क्या अक्लमन्दी है इसमें कि एक ऐसी बात के पीछे जी-जान से लगे रहें कि जो कभी होई नहीं सकती? नमा यहाँ रहने वाली ही नहीं थी, पहले भी एक दफा उसने मुझसे कहा था। तुम्हारा प्यार उसे सख़्ती मालूम पड़ता था। सख़्ती करने से तो आदमी बाँधा नहीं जा सकता। वो गलत चीज़ है। छूट कर ही रहती है हाथ से...।

तो कल से नया आरम्भ हो...एक नयी ज़िन्दगी शुरू हो। मैं तुम्हारी मदद करूँगा। जो कहोगी, करूँगा। मैंने वचन दिया है, उसे निभाऊँगा। लोग देखें कि ये एक नयी मीता है। है न?

सुमित्रा : *(मशीनी ढंग से)* हूँह!...मैं चलूँ? देर हो रही है...

बापू : तो पक्का न? बोलो, पक्का।

सुमित्रा : अच्छा!

[उठती है।]

बापू : हम लोग कल मिलेंगे। रोज़ मिला करेंगे। बातें करेंगे। बहस करेंगे...

सुमित्रा : अच्छा!

[साइकिल की दिशा में जाती है।]

बापू : कल यहीं मिलेंगे...मैं आता हूँ छह बजे...

[सुमित्रा जाती है।]

बापू : बहुत अच्छा लगा। बिगड़ी बात बनने वाली थी। मुझे लगा, मीता एक छोटी-सी, अबोध पर अच्छी-सी बच्ची है, मुझे सौंप दी गयी है, और मैं उसका भविष्य प्लान कर रहा हूँ। दूसरे दिन मैं वहाँ पहुँचा, छह बजे से पहले ही पहुँचा।

[ज़रा चल कर उसी जगह पर बैठ जाता है।]

मीता नहीं आयी। देर हो रही थी। अँधेरा छाने लगा था, फिर सिर्फ़ अँधेरा। और मीता नहीं आ रही थी। नहीं आयी मीता, क्या बात होगी? कोई गलतफहमी तो नहीं? या कोई अड़चन? या...कुछ...? जी ऊपर तले होने लगा। क्या हुआ होगा? मीता बगैर आये न रहेगी। ज़रूर कोई बात होगी।

[उठकर पहले वाली जगह पर जाता है।]

बेचैनी इस कदर बढ़ी कि मैं कब उसके घर जा पहुँचा, पता ही न चला। रात के कोई साढ़े आठ बजे होंगे। किसी सज्जन ने दरवाज़ा खोला, मुँह बनाया, मर कहे बैल की तरह देखा। 'कलकत्ते गयी है' कहकर दरवाज़ा बन्द कर लिया।

मीता...कलकत्ते गयी कलकत्ते! मगर उसने तो वचन दिया था। वादा किया था। कलकत्ते क्यों जायेगी?...

हक़ीक़त वही थी। मुझे बेवकूफी के बहिश्त में घुमा कर मीता उसी रोज़ सुबह कलकत्ते चली गयी थी। इसका मतलब यह है कि पिछले रोज़ जब मैं मीता को उपदेश दे रहा था, तब वह कलकत्ते जाने का विचार कर रही थी। मुझे हाँ कह रही थी, और उसी पल कलकत्ते की राह पकड़ चुकी थी। मुझे उसका चेहरा याद आया। यही बात थी। उसने बाकायदा गधा बनाया था मुझे, और मैं मन से बन गया था। नहीं, था ही। गधा नहीं तो क्या? अनुभव पाकर भी मैंने झूठी आस रखी थी। धोखा खाया था मैंने। हाथोंहाथ गच्चा खाया था। जानवर ख़ून की लीक पर चल पड़ा था।

गुस्सा आया। अपने पर बेहद गुस्सा आया। कुछ तो हद हो आदमी के गधा बनने की। सोचा, यही हद है बस्स इससे आगे कुछ नहीं। अब समझ से काम लेना होगा, समझ से ही काम लेना बाकी था।

[सुमित्रा आती है। सूखी। थकी-हारी। आँखों पर काली ऐनक। बापू ध्यान नहीं देता है।]

सुमित्रा : हलो बापू!

[बापू का रिस्पान्स न पाकर]

ए बापू!

[बापू अब भी रिस्पान्स नहीं देता।]

आई सी! आप रूठे हुए बापू जी! हमसे रूठे हुए हैं? पलट के इस तरफ़ देखना तक दुश्वार हो रहा है बापू जी को।

[बापू पहले की तरह]

मैं तुम्हें दोष नहीं देती, बापू अपने को देती हूँ। ज़रूर मैंने तुम्हारी सहने की ताकत को चुनौती दी होगी। मुझे कुबूल है।

[ज़रा नाटकीय लम्बी साँस]

सब समझती हूँ, लेकिन बरत नहीं पाती। खुद अपने

लिए बेकाबू हो जाती हूँ। जो नहीं करना चाहिए था, कर बैठी हूँ। उसका नतीजा भी मुझे ही भुगतना है। ये ठीक है खैर, लेकिन अपने संग दूसरों को ले डूबती हूँ। जैसे तुम्हीं को।

[बापू देखने तक को तैयार नहीं।]

क्या ठान बैठे हो कि मुझसे बात तक नहीं करोगे? क्या हमारा रिश्ता ख़तम? भई, बता दो। मैं चली जाऊँगी। दुनिया भर में ये इतना ही मेरे लिए था, अगर वही नहीं रहा तो सब बेकार है।

बापू : तुम इस काबिल नहीं हो कि रिश्ता बना के रहो मीता।

सुमित्रा : कह दो कि टूट गया।

बापू : मुझे वचन दिया था कि मिलोगी और कलकत्ते चली गयी? मैं बेवकूफ जिसने भरोसा किया। तुम्हारे हिसाब से वचन का कोई मतलब नहीं था...

सुमित्रा : देखो, मैं...

बापू : *(भड़ककर)* मैं यहाँ दूसरे दिन मूरख बना तुम्हारी राह देख रहा हूँ...मारे चिन्ता के मरा जा रहा हूँ...बेसब्रे की तरह तुम्हारे घर के दरवाज़े पर खड़ा हूँ...

सुमित्रा : सॉरी बापू...

बापू : ढोंग मत रचो। तुमने उसी रोज़ मुझे दिखा दिया था कि मेरी क्या वकत है। तुम्हारी निगाह में मैं तुम्हारा पायदान हूँ। जब ज़रूरत हुई, इस्तेमाल किया, नहीं, ठोकर मारकर अलग किया...

सुमित्रा : नहीं बापू, यह बात नहीं...

बापू : काम पड़े तो बापू, उसका कहा मानने की बात हो तो दे झाँसा दुबारा काम पड़ जाये तो हई है गुलाम तैयार...

सुमित्रा : आखिर सुनोगे नहीं मेरी...

बापू : मैंने नमा को ज़बान दी थी कि तुम्हें नहीं बताऊँगा...क्या सोचा होगा उसने तुम्हें वहाँ देखकर? मेरी क्या हालत रही होगी। ये सोचे बगैर तुम दौड़ी कलकत्ते, तब बापू की याद न आयी? अब फिर ज़रूरत होगी बापू की इसीलिए आयी हो। अब की याद रखना, मैं तुम्हारी खातिर कुछ

नहीं करूँगा। अब दूसरा लत्ता देखो, जाओ...

सुमित्रा : कह चुके?

बापू : मुँह चलाती हो! कलकत्ते में मौज की होगी। कैसी रही 'ट्रिप'?

सुमित्रा : ट्रिप गयी भाड़ में। मुझे ये बताओ कि क्या मैंने तुम्हें अपने जाल में फाँसा? क्या मैंने जबरदस्ती की कि मेरा ये काम कर दो? बोलो, मैंने किया ये सब? क्या मैंने तुम्हें इस्तेमाल किया और तुमने अपनी मर्ज़ी के खिलाफ़ अपने को इस्तेमाल होने दिया?

बापू : सवाल वो नहीं है...

सुमित्रा : है कैसे नहीं? वही है। बापू जी, आपकी अकल क्या घास चरने गयी थी जो आप इस्तेमाल होते रहे और आपको पता तक न चला? तुम कभी भी 'ना' कह सकते थे। जब मुझे तुम्हारे कमरे की ज़रूरत थी तब तुम्हीं कमरा छोड़ के दूसरी जगह उठ गये थे...क्या कर लिया था मैंने? मेरे बारे में गन्दी कहानी छपी थी तो रस लेकर पढ़ने के अलावा तुमने कुछ नहीं किया? तब मैंने तुम्हारा क्या बिगाड़ लिया?

बापू : फालतू बातें मत सुनाओ। वो प्रसंग और थे, उस वक़्त मैंने जो किया, उसकी वजहें कुछ और थीं...

सुमित्रा : और मैं जो करती हूँ उसकी वजहें नहीं होंगी? बिना मतलब करती हूँगी?

[थकी साँस]

चला हटाओ, जाने दो। कलकत्ते से तुम्हारे लिए ये लाये हैं...

[रसगुल्ले का डिब्बा देती है।]

यही देने आये थे। चाहो तो रख लो, चाहो धरा दिखा दो। हम जा रहे हैं।

बापू : *(उसकी इस भंगिमा से एकाएक अपसेट होकर)* मुझे नहीं चाहिए। जानता हूँ किसलिए घूस खिलाई जा रही है।

सुमित्रा : किसलिए साब?

बापू : इसलिए कि इतना अपमान देखकर भावुक बापू शर्तिया पसीजेगा। भूल जाओ, इस बार तुम्हारे पेंच में आने वाले नहीं।

सुमित्रा : पेंच।

बापू : मुझपे निर्भर मत करना।

सुमित्रा : मैं किसी पे निर्भर नहीं करती।

बापू : *(चोट खाकर)* मत लौटाना उधार के रुपये...ले जाओ...

सुमित्रा : *(एकदम फ्लेअर अप होकर पर्स खोलती है। जितने नोट हाथ में आते हैं, निकाल कर गुस्से में फेंकती है।)* लो...लो...बाकी के मय ब्याज लौटा दूँगी।

[कलाई पर बाँधी घड़ी खोलना शुरू करती है।]

ये रिस्टवाच लो...तब तक गिरवी रक्खो...

बापू : हाँ-हाँ...रिस्टवाच लो। रक्खे रखो। मैं कोई पठान महाजन नहीं हूँ।

[बिखरे रुपये इकट्ठा करके उसी पर्स में रखता है।]

वापिस लेने को नहीं दिए थे। उसके पीछे एक बड़ा मन था। मगर तुमने कभी उसे अहमियत नहीं दी। तुमने यही सोचा कि बुद्धू है तो कर रहा है। बेवकूफ है। वो आगे वैसा नहीं रहा, इतना ही समझ लो। मदद की ज़रूरत होगी, अब भी करूँगा। वैसे ही, जैसे किसी भी ज़रूरतमन्द की करता हूँ। मगर दोस्ती खत्म। जिसे तुमने खतम कर दिया। आगे से तुम कुछ भी करो, कैसे भी करो, मुझे न खुशी होगी न दुख। तुम मुझे आगे से परेशान नहीं कर सकोगी। क्योंकि मैं तुम्हें पहचान गया हूँ मीता...

[सुमित्रा चली जाती है।]

बापू : *(दर्शकों से)* अच्छा लगा। जो सुनाना था, जी भर के सुनाया आगे क्या होगा, फिकर नहीं थी। ये जान के कि परदा गिर चुका है, दूसरे कामों में चित्त लगाया। मीता का कालेज छोड़ के चले जाना सब ओर फैल चुका था। दो-एक ने मुझसे जानना चाहा था। मैं चुप लगा गया था। शामें खाली रहा करती थीं। जाके लाइब्रेरी

में बैठने लगा। दुनिया भर की किताबें उलट-पुलट कर देखने लगा। साइकोलॉजी की एक किताब हाथ लगी, हिम्मत करके पढ़ गया। अब्नार्मल साइकोलॉजी के तहत मैंने मीता के चरित्र की विशेषताएँ ढूँढ़ीं लेकिन ज़्यादा समझ में नहीं आयीं। हाँ, दलवी के सॅडिस्ट बरताव का कुछ-कुछ पता चला!

देखा था मीता को एक बार साइकिल पर जाते हुए। जैसी कि उम्मीद थी, उसने गौर नहीं किया। आँखों पर वही धूप का चश्मा चढ़ा हुआ था। मुँह सख्त हो आया था। कुछ-कुछ तना हुआ। अचरज की बात ये कि मुझे उसका सामने से गुज़र जाना ज़रा अजीब ज़रूर लगा था, पर इससे ज़्यादा कुछ नहीं लगा। अजीब भी इसलिए कि अगर पहले ऐसा होता तो मुझे तकलीफ़ हुई होती, विदाउट फेल। इस बार नहीं हुई।

[पाण्डे और दलवी आते हैं। दोनों काफ़ी कुछ टाइट।]

पाण्डे : देख! बपुआ हैगा!

दलवी : कौन?

[देखकर]

ओः बापू! लेट्स टेक हिम।

[मुँह में उँगली डाल कर सीटी बजाता है।]

पाण्डे : बापू! बापू भैया! बापू जी।

[बापू का ध्यान जाता है। कोई खास रिएक्शन नहीं। दोनों उसके करीब पहुँचते हैं।]

दलवी : ए बापू, क्या कर रहे हो?

पाण्डे : चल! हमरे संग चल...चल साले...

बापू : मुझे ज़रा...

पाण्डे : काम हैगा तेरा। तेरा काम हमरी खातिर ताक पे रख देय ना ज़रा देर। रोज़-रोज़ मुलाकात होती हैगी का साली? चल...

बापू : कहाँ?

दलवी : ये पूछता है, कहाँ?

पाण्डे : जैन्नुम में बच्चा। हम वई जा रए हैंगे। तू का जन्नत में दाखिल होयगा? एं? उधर अपन को कोई घुसने तलक नईं देयगा यार...

[दोनों उसके साथ चल पड़ते हैं। आर्मी क्लब में पहुँच कर अपस्टेज पर लगी मेज़ कुर्सी। जा जा कर बैठ जाते हैं। पीने का कार्यक्रम शुरू होता है।]

पाण्डे : *(अपने और दलवी के लिए शराब उड़ेल कर)* भौत अच्छा इस्थान नई हैगा, मगर एक बात हैगी। याँ असली दारू मिलती हैगी। नकली माल नई। दुनिया भर के पियक्कड़ याँ ओंठ चाटने आते हैंगे।

[बापू से]

बोलो, कायका सौक करोगे? रम का के भिस्की का?

बापू : मैं नहीं पीऊँगा...

[पाण्डे का भाव देखकर]

अच्छा उड़ेलो।

[पाण्डे उड़ेल कर देता है।]

दलवी : *(बापू से)* तुमको एक तमाशा का पता चला? मीता को घर से निकाल दिया है। औरतों के होस्टल में रहने गयी है।

[बापू सह लेता है।]

दलवी : हम उधर भी पौंचेंगे...निकलवा केई रहेंगे।

[पाण्डे से]

वेरी डेन्जरस करक्टर!

बापू : *(पीकर)* तू क्या कम डेन्जरस है?

दलवी : क्या बोला?

बापू : तूने जिस तरह नमा को तोड़ के फेंक दिया...

दलवी : दैट्स माई बिज़नेस!

बापू : वैसे ही मीता जो करती है, वो उसका बिज़नेस है। तू क्यों टाँग अड़ाता है?

पाण्डे : यार तुम लोग आपस में का चों-चों कर रए होगे?

दलवी : मीता घुन है...दीमक है साली...

बापू : तू कीड़ा है!

[शराब का नतीजा है]

दलवी : *(एकदम खड़े होकर)* से इट अगेन!

पाण्डे : *(बिठाते हुए)* बैठ जा बे। ड्रिंक कर। नो सीरियस टाक। बैठ जा।

दलवी : *(बैठते-बैठते)* तू मीता का भडुआ है...

पाण्डे : *(उसके मुँह पर हाथ रखकर)* चोप्प साले...चोप्प...कुछ और बात करो साले हो...टैम्पर मती लूज करो...ज़िन्दगी एक कीमती...

दलवी : *(बापू से)* तेरी क्यों झनझनाती है बे? तू कौन लगता है उसका?

बापू : मैं उसका कोई नहीं लगता। मगर तुझको भी किसी ने उसका शिकार खेलने का ठेका नहीं दिया है। तू कौन तय करने वाला है कि वो होस्टल में नहीं रहे?

दलवी : मैं? उसका दुश्मन!

पाण्डे : एक मिनट...एक मिनट...जंटिलमैनों, कौन के बिसे में बोल रए होगे? मीता के बिसे में?

[खड़ा हो जाता है]

त हमको बोलने देओ। अपन बोलेंगे क्यों के अपन उसके पैले आसिक। चूतियो साले, तुमको मालुम, मीता आजकल हमरे याँ आय के रै रई हैगी। सी कम्स टु अवर आफीसर्स क्लब...

दलवी : नो...

पाण्डे : मइयों कसम! अपन कायको लबरियापन करे, बोलो? का औरत साली अपने को हासिल नईं होती हैगी का? अपन साले का चिपटीबाज लौंडिया पे बोस्ट करेंगे? थू साले। पै वो आती हैगी।

बापू : *(दुर्निवार)* काय के लिए?

पाण्डे : क्लब में कायके लिए आता हैगा कोई? पीने के लिए ...बिलैती कीमती...भरोसे की मिलती हैगी ना हमारे याँ ...औ फोकटिया...आज ये आफीसर...कल वो आफीसर ...पिलाते हैंगे। उसको...ले जाते हैंगे...

दलवी : भैनचो...

पाण्डे : वसूली करते होंयगे...लेस्बियन साली...

[थूकता है।]

औ उसमें हम मरा करें!

[बापू से]

तू भी मरता था...

(दलवी से) तू साला हुसियार...

दलवी : *(बापू से)* अब बोल पाण्डे से...पूछ कि ठेका किसका? कुतिया स्साली झड़ैली...

पाण्डे : दलवी यार, एनफ!

बापू : *(उठ कर)* तुम लोग बैठो, मैं जाता हूँ।

पाण्डे : *(उसे पकड़ कर)* तू कहाँ जाता यार? तू बैठ...तू इसको सीरियसली मती लेय। बैठ जा, अपन पोंचा देंगे तेरे को तेरे बासे तक...

बापू : *(छुड़ाकर)* नो थैंक्स!

[पाण्डे से]

तुमने कहा वो सच नहीं ना? मज़ाक़ छोड़।

पाण्डे : कौन भैनिया का मज़ाक़ करीबै? आके देख तूई। देखेगा?

[घड़ी देखकर बापू की कलाई पकड़ कर]

देखना हैगा तेरे को? त बैठा रह। आतीई होयगी। तेरे को दिखाएँगे।

[एक अनाम भय बापू को कमज़ोर कर देता है। वह बैठ जाता है। एक कुर्सी पर पाण्डे, दूसरी पर दलवी। ये दोनों पीते हैं।]

बापू : *(पाण्डे से)* यहाँ नहीं। उधर कोने में चलकर बैठेंगे।

पाण्डे : ओ.क्के. बैरा! हमरे वास्ते वां टेबिल लगाओ।

[डाउनस्टेज पर मेज़-कुर्सियाँ लगायी जाती हैं। बोतल, गिलास वगैरा। तीनों बैठ जाते हैं। सिम्फनी म्यूजिक शुरू हो जाता है।

बापू बेहद बेचैन है।]

बापू : *(कुछ अपने से कुछ दर्शकों से)* भगवान को मना रहा था

कि वो न आये...और उसके आने की राह देख रहा था ...कि आये...वो आये...

[दो आफीसर्स आकर दर्शकों की ओर पीठ करके बैठ जाते हैं। पीना शुरू करते हैं।

सिम्फनी म्यूजिक तेज़ हो जाता है।

सुमित्रा आती है। शोख लिबास, लिपिस्टिक बिल्कुल अलग दिखती है।

आफीसर्स उसे विश करते हैं।

सुमित्रा उनकी मेज़ पर। आफीसर्स ज़्यादा ड्रिंक्स आर्डर करते हैं।]

पाण्डे : *(बापू से)* देख लिया? हम का झूठमूठ जड़ रए थे?

[सुमित्रा और आफीसर्स की बैठक रंग पकड़ती है।]

सिम्फनी म्यूज़िक ज़ोरों पर।

[सुमित्रा जाम-पर-जाम गले के नीचे उतारती जा रही है। और चाहती है, माँगती है। दोनों पिलाते हैं।]

पाण्डे : पी यार! का खाली देखता हैगा। पियो।

[बापू गिलास होंठों तक ले जाता है मगर पीता नहीं। ध्यान सुमित्रा की ओर।

सुमित्रा नशे में। दोनों आफीसर्स के साथ नशेबाज़ों की-सी हरकतें करने लगी है। आँचल का ख़याल तक नहीं। वे दोनों भी मामूली तौर पर मज़ा लूट रहे हैं।]

पाण्डे : *(बापू से)* साले पीता कायको नईं? भोत आँखे सेंकीं...

बापू : *(सुमित्रा को देखते हुए)* हाँ!

[पीने का अभिनय!]

[सुमित्रा और आफीसर्स की नशेबाज़ हरकतें बढ़ जाती हैं। सिम्फनी म्यूज़िक ज़ोरों पर।

सुमित्रा नया पेग हलक तले उतारती है।

खड़ी होने की कोशिश करती है। बैठ जाती है। आँचल फैल कर धरती पर।

बापू अब बदहवास।]

पाण्डे : बाश्शा लोगो! पीते-पीते देखो, मज़ा आयेगा।

[पूरी कोशिश करके सुमित्रा उठ कर खड़ी हो जाती है।]

सुमित्रा : *(दोनों आफीसर्स से)* यू नो समथिंग? नो? यू शुड नो! बापू इज़ ए पिग। सूअर है वो। एक नम्बर सूअर। मुझपै मालिकाना हक जताता है...ये करो, वो मत करो...उधर मत जाओ...इधर बैठो...मालिक बनता है, मालिक! हुंः! मैं ठोकर से बात करती हूँ उससे...ठोकर से...

[काल्पनिक बापू को ठोकर मारती है।]

आई किक् हिम...किक् हिम बास्टर्ड...क्या सोचता है...कि मीता एक...वो है...छाता...कुर्सी...पर्स...ऐसे-ऐसे रख दी तो ऐसे ही रहेगी...मैं इन्सान हूँ, इन्सान। मेरी अपनी ...मर्ज़ी है...मैं कुछ भी करूँगी...कलकत्ते जाऊँगी...वहाँ नमा को ढूँढ़ती फिरूँगी...नईं मिलेगी तो भी चलेगा...हू द ब्लडी हेल इज़ बापू? एक पिग! पिग!

[कुर्सी को बापू समझ कर लात मारती है। और मारती है।]

आई हेट हिम! आई हेट हिम! हेट हिम!

[कुर्सी गिर पड़ती है]

पाण्डे : *(बापू से)* यार ये त तेरई बारे में...

[बापू टेन्स। बेहद। दोनों आफीसर्स सुमित्रा को बड़ी मुश्किल से बिठाते हैं।]

आफीसर्स : दैट्स लाइक ए गुड लिट्ल गर्ल...

सुमित्रा : नो, आयम् नॉट! आयम ए व्हो र! ऐ लेस्बियन। ए लेस्बियन, डू यू नो दैट? ऐ लेस्बियन बिच्! एक फ्रीक! ...कहता है, झूठ मत बोल। निर्भर मत करो...पैसा माफ कर दिया...माफ! बोला, दोस्ती खतम। खतम तो खतम। कौन झूठ बोला? मैं बोली। मैं नईं बोली...उससे नईं बोली...माँ से बोली थी, पर उससे नईं बोली...मालूम? किस्सी से नईं बोली वो उससे बोली...वो मेरी...माँ या ...माँ बापू। बापू माँ।

[हँसती है। हँसती रहती है। फिर]

गान! खतम है दोस्ती! खतम हो गयी नमा। निर्भर नईं

करना है...नईं करना है...बापू गान! बापू मर गया...मर गया...

(मेज़ पर मुट्ठी पटकती है। आई किल्ड हिम्) ...मैंने बापू को मार डाला...मैंने...मैंने...

[फूट-फूट कर रोती है। नशे में डूबे आफीसर्स अपनी जगह से लस्टम-पस्टम सान्त्वना कर रहे हैं।]

मैंने बापू को मार डाला...टुकड़े-टुकड़े कर दिए...

[यन्त्रकीलित-सा बापू देख रहा है।]

सुमित्रा : मगर उससे झूठ नहीं बोली...नईं बोली...कलकत्ते क्यों गयी? कोई नईं जानता...क्या किया कलकत्ते? कोई नईं जानता...गिव मी वन मो र प्लीज़...

[एक ऑफीसर पेग देता है]

सुमित्रा : मो र...मो र...

[पूरा पेग एक घूँट में पीकर ब्लैक आउट हो जाती है।]

[निस्तब्धता।

दोनों आफीसर्स बैरा की मदद से सुमित्रा को उठा कर ले जाते हैं।]

पाण्डे : देख रए होंगे न यार? अपन कोई पै जान छिड़के ओ वो साली अखीर में इस लाएक निकलता हैगी। समझे बच्चा? यू नो, वो साले का करेंगे इसके संग?

[बापू अन्यमनस्क। बेचैन।

जल्दी-जल्दी एक बड़ा घूँट पीता है। खाँसी आ जाती है। सँभलता हुआ सामने आता है।

पीकर धुत हुआ दलवी और पाण्डे जैसे सुमित्रा का पीछा करते हुए जाते हैं। बैरा आकर उनकी मेज़-कुर्सी समेटता है।]

बापू : *(दर्शकों से)* उस रात न खाना अच्छा लगा, न नींद आयी। रात ज्यों-त्यों बीती। खोपड़ी के भीतर नरक समा गया था। समझ नहीं पड़ता था कि मैंने जो किया था वह सही था या गलत? गलत था क्या मीता को अपने से काट कर अलग कर देना? वह जो है आज उसके

लिए कौन जिम्मेवार है? बड़ी कोशिश कर-करके खुद को उत्तर रटाये कि मैंने जो किया था, वही ठीक था। मुझे इस्तेमाल करके वो खुद जो अपने को गिराती जा रही थी, उसे मैंने हमेशा के लिए रोक दिया...अपने तक ही सही, मगर रोक दिया...। अपने को आखिरी इशारा दिया कि चाहे तुम्हें कितनी ही तकलीफ़ हो, तुम दुबारा उसके पास नहीं जाओगे काट के अलग कर ही दोगे। कर दिया। अचरज की बात यह है कि मीता रहित ज़िन्दगी मैं जीने लगा, जीता चला। याद हो आती थी मगर जी दूसरी बातों में खुद-ब-खुद लग जाता था। दुबारा पाण्डे के यहाँ नहीं गया। पढ़ाई में जी लगाया।

[दलवी आता है। देखता खड़ा है।]

दलवी : *(कंजुअली)* तुम्हें पता चला बापू? मीता फिनिश्ड! आत्महत्या! रात को अस्पताल ले गये थे, सुबह खेल खतम!

[बापू सुन्न! जैसे हाथ-पाँव बेजान हो गये हों।]

दलवी : *(सिगरेट बाहर निकालकर मुँह में रखकर)* माचिस है तुम्हारे पास? मैं साली भूल आया।

बापू : *(अवाक्)* नहीं।

[दलवी चकित।]

बापू : अब स्वर्ग में जाकर कहोगे ही कि निकाल बाहर करो इस लेस्बियन कुतिया को...?

दलवी : *(अब भी चकित है।)* आप मरे जग डूबा यार। मर जाने के बाद कायका बैर? चल बसी बिचारी।

बापू : अब शान्ति से सिगरेट पीना।

दलवी : पी ही रहा हूँ। तू क्यों ताव खा रहा है? क्या बात है? तुम्हें बताने ही इस तरफ़ आया था।

बापू : थैंक्स। अच्छा किया।

दलवी : अब क्या इरादे हैं?

बापू : मौज करूँगा। दारू...दारू पिऊँगा, सिनेमा देखूँगा। नाचूँगा खुशी में भर कर। ईश्वर मृतात्मा...

[गला भारी हो जाता है।]

को सद्‌गति दे। ओम् शान्तिः शान्तिः शान्तिः!

दलवी : बापू तुझे हो क्या गया है बे?

बापू : *(कन्धे उचका कर ज़रा बेचैनी से)* टेक केअर! मैं चलता हूँ।

दलवी : अगर देखने जाना हो तो शाम तक मत जाना। पोस्ट मार्टम हो जाने के बाद लाश मिलते-मिलते शाम हो ही जायेगी। बेकार वक़्त बरबाद होगा।

बापू : *(दुर्निवार क्रोध से)* थैंक यू फॉर दि अडवाइस।

[दलवी कन्धे उचकाता चला जाता है।
बापू भीतर ही भीतर बेचैन। नहीं महसूस कर पाता कि उसे क्या हो गया है।
कमरे में घूमता है। अलग-अलग पोज़िशन लेता है।
रेडियो ऑन करता है जो एकदम चीख पड़ता है।
बापू रेडियो बन्द कर देता है। भयानक निस्तब्धता।
यह जैसे बापू को निगल कर ही टलेगी।
देखते-देखते बैठा रह जाता है।
घुटनों में सिर घुसेड़ कर बैठ गया है।
सूखा रोना रो रहा हो जैसे।
धीरे-धीरे रोशनी फीकी होती जाती है।]

[परदा।]

□□

मीता की कहानी